국립중앙박물관

동글납작 도자기

go go! 체험학습 개정판

나는 박물관이 좋다 ❸ 동글납작 도자기

1판 발행 _2002년 9월 10일 | **개정판 1쇄** _2006년 11월 7일 | **개정판 3쇄** _2009년 6월 15일

기획 _즐거운학교 | **글** _오명숙 | **감수** _강경숙 | **그림** _고웅철 | **캐릭터** _김상민 | **펴낸이** _강병선

책임편집 _최윤미 석혜란 | **디자인** _최윤미 | **마케팅** _이상혁 서유경 | **제작** _안정숙 서동관 김애진

펴낸곳 _(주)문학동네 | **출판등록** _1993년 10월 22일 제406-2003-000045호

주소 _413-756 경기도 파주시 교하읍 문발리 파주출판도시 513-8

전자우편 _kids@munhak.com | **홈페이지** _www.munhak.com

카페 _cafe.naver.com/kidsmunhak

전화 _(031)955-8888 | **전송** _(031)955-8855

ISBN _978-89-546-0828-2 64000 | 978-89-546-0554-0 64000(세트)

이 도서의 국립중앙도서관 출판시도서목록(CIP)은 e-CIP 홈페이지(http://www.nl.go.kr/cip.php)에서 이용하실 수 있습니다.(CIP제어번호: CIP2006002014)

국립중앙박물관

동글납작 도자기

기획 즐거운 학교
글 오명숙 | 그림 고웅철
감수 강경숙

go go! 체험학습
나는 박물관이 좋다 ③

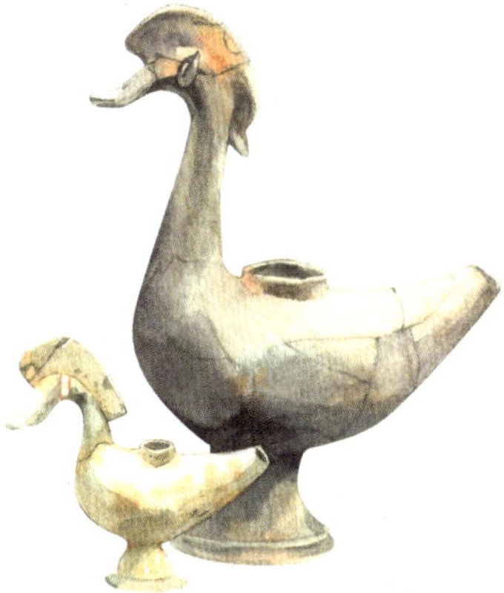

문학동네

즐거운 박물관으로 떠나요

박물관에 가면 전시실을 따라 순서대로 놓여 있는 전시물을 보게 되지요? 그런 방법도 있지만 한 가지 주제를 정하고 관련된 유물들을 골라서 보는 방법도 있어요.

이 책은 박물관에 전시된 유물 중에서 각 시대별로 대표적인 토기와 도자기들을 소개하고 있어요. 아름다운 도자기들의 변화 과정을 보고 문제를 풀면서 그 시대의 사람들이 무엇을 소중히 여겼는지, 도자기에 무엇을 담아 내고 싶어 했는지 배울 수 있어요.

토기나 도자기에 들어 있는 무늬를 그려 보거나, 무늬를 알아맞히거나, 각 그릇들의 이름을 익혀 보세요. 이런 활동을 통해 자신이 가장 좋아하는 유물의 이름도 자연스럽게 알게 되고, 전통 미술품을 보는 눈도 길러질 거예요.

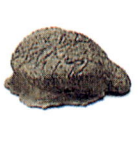

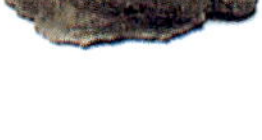
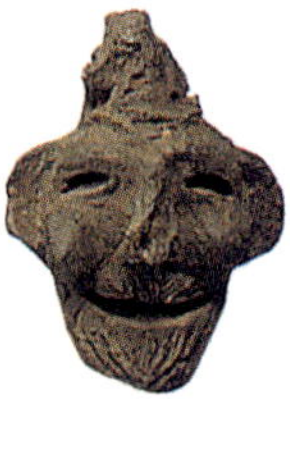
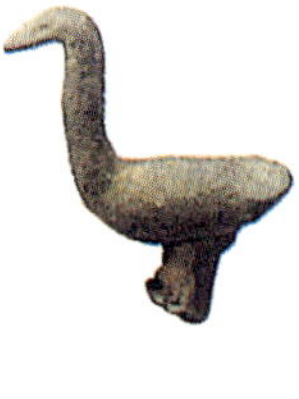
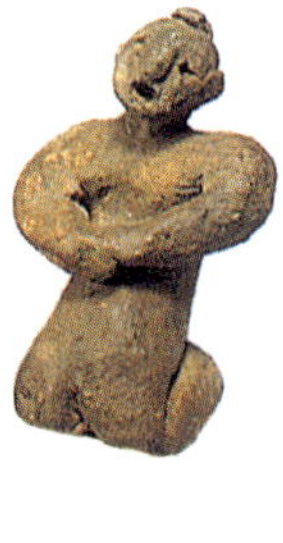

박물관 체험학습을 할 때 가장 중요한 것은 유물을 자세히 보는 거예요. 이 책은 박물관에서 전시물을 볼 때 어떤 활동들을 하면 좋을지, 어린이의 눈높이에 맞추어 찾아보고 감상할 수 있게 꾸며 놓았어요.

유물을 찾아보고 책 속의 문제를 푸는 동안 유물 하나하나와 대화하는 법을 터득하게 될 거예요.

박물관은 유물을 꼼꼼히 살펴보고 감상하고 학습해야 하는 평생 학습 기관이에요. 교육 운동의 하나로 펴낸 이 책이 박물관의 발전과 문화 예술 교육의 촉매제가 되고, 박물관이 좀 더 나은 평생 학습 기관으로 자리매김하는 데 도움이 되길 바랍니다.

글쓴이 오명숙

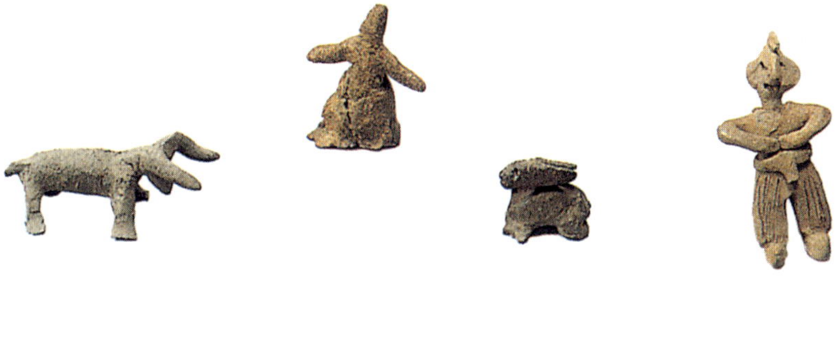

차례

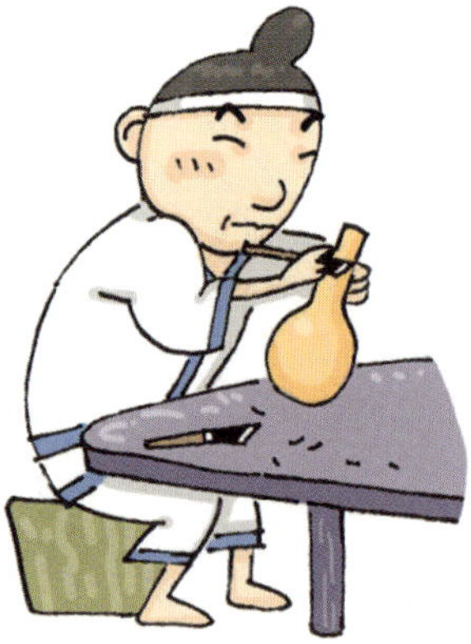

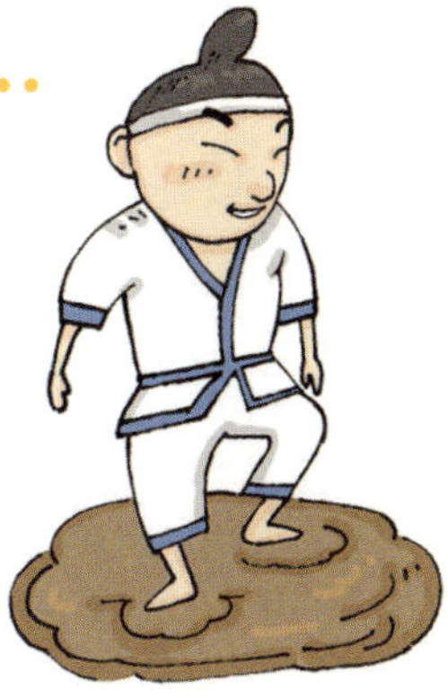

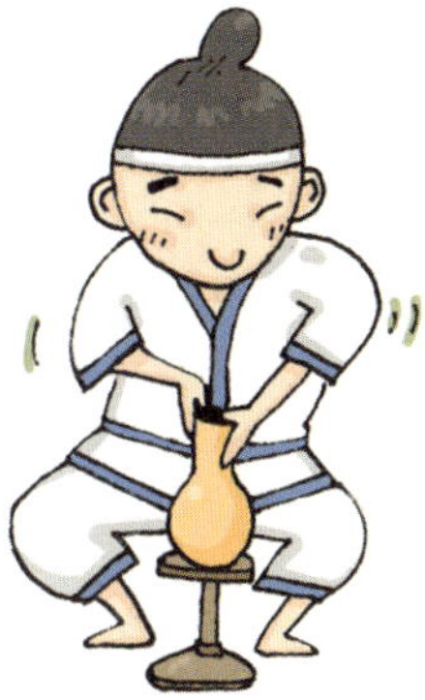

국립중앙박물관 전시실 배치도

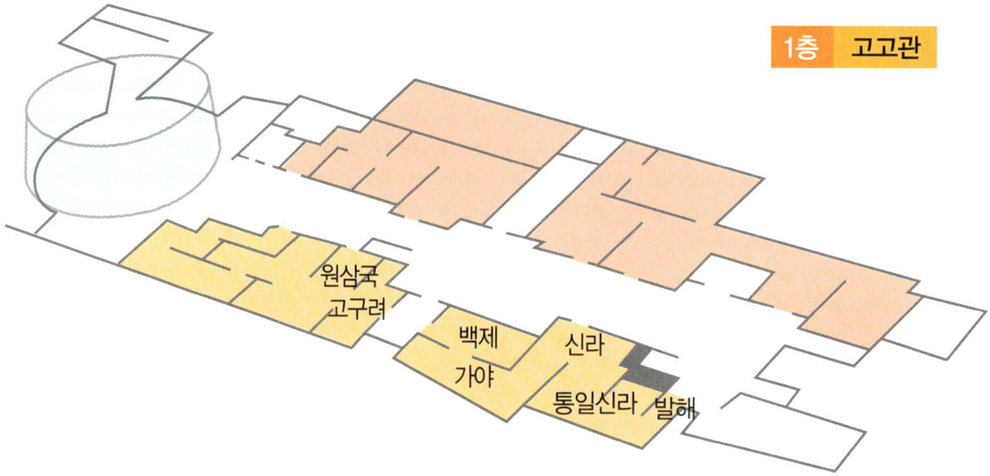

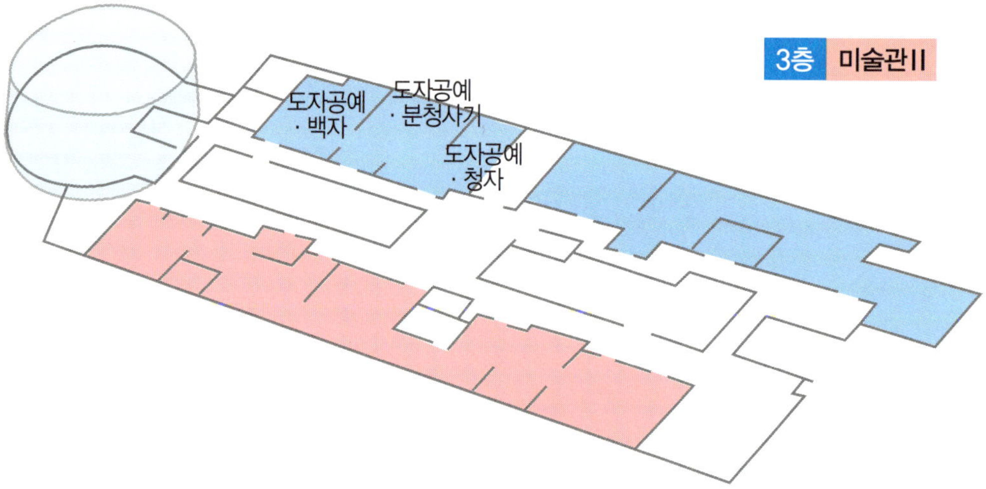

go go!

1 뚤레뚤레 그릇 찾기

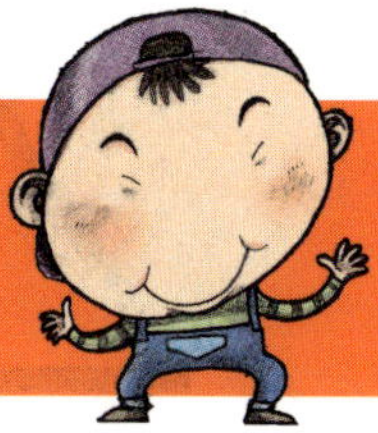

안녕? 나는 맘대로 선생님이야. 도자기 나라 여행을 함께 할 우리 반 친구들을 소개할게. 먼저 토기 나라에서 온 빗살이, 민이, 쇠뿔이. 투박하게 생겼지만 모두 착한 아이들이지. 그리고 석기 나라에서 온 세발이, 굽다리, 살짝붙임이. 아주 개성 있게 생긴 아이들이야. 그리고 마지막으로 자기 나라에서 온 파랑이, 곱단이, 하양이. 매끈하게 잘생긴 애들이지. 그 외에도 많은 친구들이 있단다.

우리는 지금부터 여행을 떠나려고 해. 여기저기 다니면서 구경도 실컷 하고 공부도 할 거야. 박물관을 무조건 지겹다고 생각하는 친구들이 있다면, 속는 셈치고 우리를 한번 따라와 보렴!

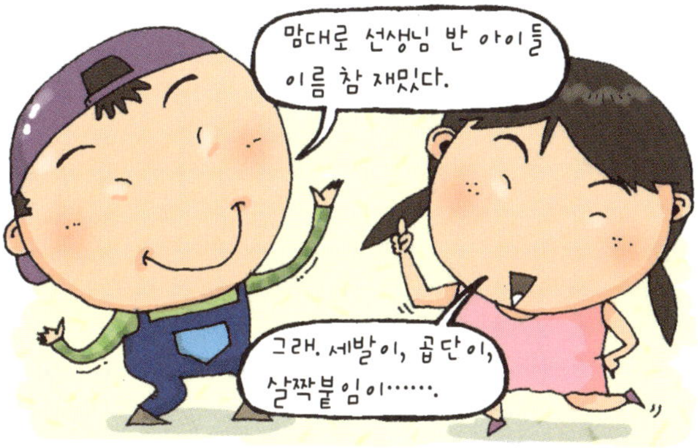

떠나기 전에 둘러보세요!

국립중앙박물관(고고관, 청자 · 분청사기 · 백자실) www.museum.go.kr
호림박물관 www.horimmuseum.org
호암미술관 www.hoammuseum.org
이화여자대학교박물관 museum.ewha.ac.kr
삼성미술관 리움 www.leeum.org

go go! 2

흙이 불을 만나면

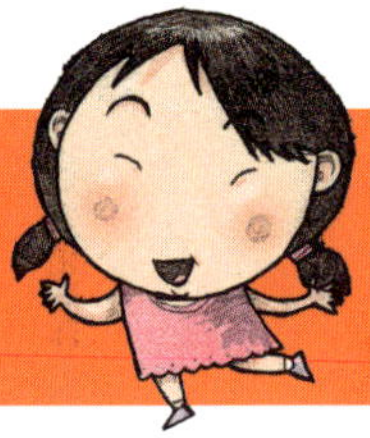

저런, 빗살이가 넘어졌잖아. 뛰다가 넘어진 빗살이가 산산조각 나고 말았어. 우리는 깨진 조각들을 모아 붙여 주기 시작했지.

"빗살아, 조금만 참아."

"괜찮아. 난 원래 흙이었는걸."

조각을 붙여 주는 동안 빗살이는 자신이 어떻게 만들어졌는지 이야기해 줬어.

1 아, 뜨겁고 매캐한 연기

흙으로 빚은 그릇을 불 속에 넣으면 어떻게 될까요?

수분은 증발하고 흙덩이는 불에 닿아 단단해져요. 불 속에서 흙이 단단해지고 빚은 모양 그대로 구워진다는 걸 알아 낸 사람들은 불의 온도를 더 높여 보았어요. 하지만 장작을 쌓아 불을 때는 것으로는 온도가 쉽게 올라가지 않았어요. 고민 끝에 사람들은 장작 주위에 흙더미를 쌓아 불길이 밖으로 새지 못하게 막았어요. 불길은 더 세졌고, 그릇들은 더 단단해졌지요.

불의 온도에 따라 그릇의 성질이 달라져요

불에서 구운 그릇은 토기, 도기, 석기, 자기로 발전해 왔어요.

토기는 신석기 시대 그릇이에요. 적갈색을 띠며 유약을 바르지 않았어요. 청동기 시대 유물에 많이 보이는 도기는 토기보다 단단해요. 하지만 토기와 도기 모두 물이 스며들지요. 석기는 삼국 시대부터 통일신라 시대까지 많이 만들어졌는데 쇠붙이 소리가 날 만큼 단단하죠. 자기는 고려 청자나 조선 백자처럼 단단한 그릇을 말해요.

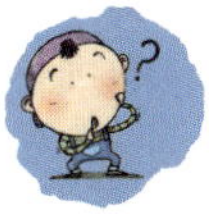

다음의 그릇을 구우려면 어느 정도의 온도가 필요할까요?
알맞은 온도를 선으로 이어 보세요.

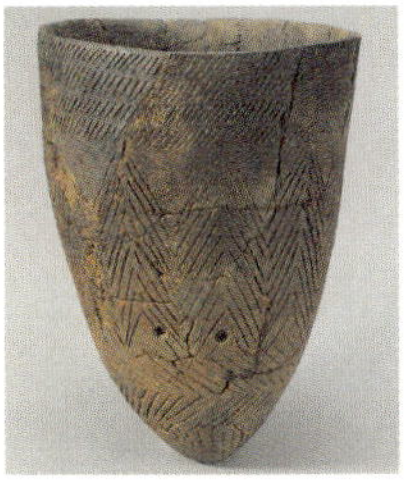
토기(신석기) ● ● 700～800℃

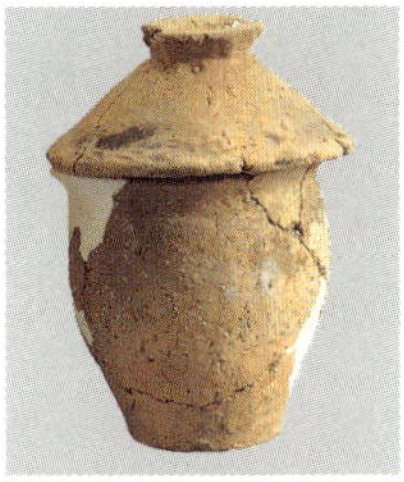
도기(청동기) ● ● 1000～1200℃

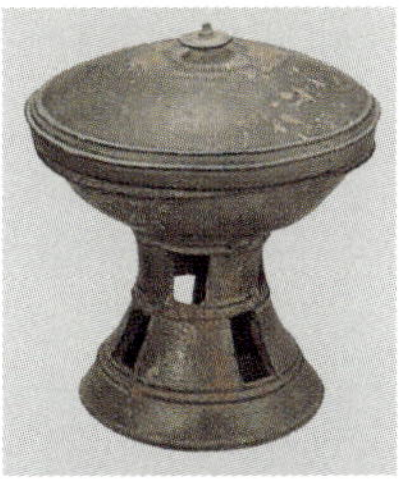
석기(삼국～통일신라) ● ● 800～1000℃

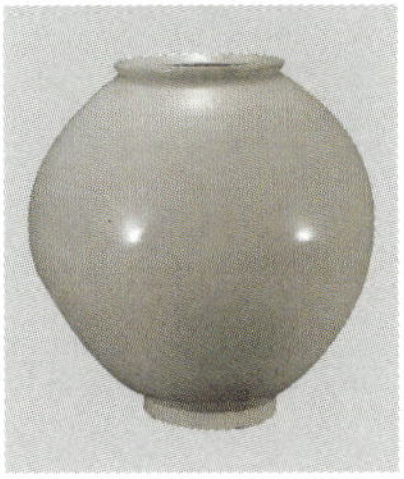
자기(고려～조선) ● ● 1200～1400℃

정답 토기 700~800℃, 도기 800~1000℃, 석기 1000~1200℃, 자기 1200~1400℃

나는 우리 반 친구들을 데리고 도자기 굽는 가마터로 갔어.

흙으로 빚은 그릇이 며칠 동안 불 속에서 지내고 나니 땅땅 소리가 날 만큼 단단해졌어. 드디어 토기가 완성된 거야. 그런데 멋진 도자기가 될 토기들은 또 한 번 가마 속으로 들어가야 한대. 뜨거운 불에서 막 나온 토기들은 그 뜨거운 불에 다시 들어가려니 기절할 것만 같았어. 토기들은 망설였지. 하지만 도자기를 한 번이라도 본 토기들은 그 멋진 모습을 잊을 수가 없었어. 결심한 토기들은 몸에 유약을 바르고 씩씩하게 가마 속으로 들어갔어.

토기와 도자기는 어떻게 달라요?

토기는 흙으로 빚어 한 번 구웠기 때문에 표면이 거칠어요. 도자기는 유약을 발라 한 번 더 구웠기 때문에 반짝거리지요.

도자기는 도기와 자기를 합친 말이에요. 도기는 찰흙으로 만든 그릇으로, 온도를 1200℃ 이상 올리면 깨져요. 자기는 자토라는 흙으로 만드는데, 1300℃ 이상에서 익지요. 이런 그릇들은 한 번 구운 다음에 유약을 발라 다시 구워 내는 방법으로 만들어요. 겉이 반들반들하고 아주 단단하지요. 요즘 우리가 쓰는 목욕탕의 변기나 타일도 도자기와 같은 종류예요.

2 온갖 무늬가 다 있네

신석기 시대의 토기에는 번개무늬나 빗살무늬가 있어요. 청동기 시대 토기는 무늬가 별로 없는 대신 색이 다양해요. 원삼국 시대에는 돗자리무늬가 새겨진 방망이로, 그릇의 벽을 두드려 만들었어요. 삼국 시대부터 통일신라 시대까지는 물결무늬나 톱니무늬가 많이 보이고 동물이나 사람을 무늬로 새기기도 했어요. 고려 시대부터는 움푹 들어간 무늬나 도드라진 무늬가 보이는 등 무늬를 새기는 방법이 다양해졌지요. 조선 시대에는 무늬를 찍기도 하고 다른 색의 흙으로 그림을 그려 넣기도 했어요.

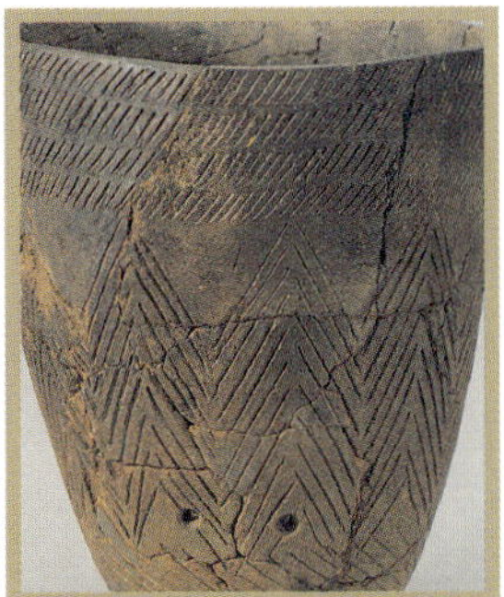

빗살무늬 토기

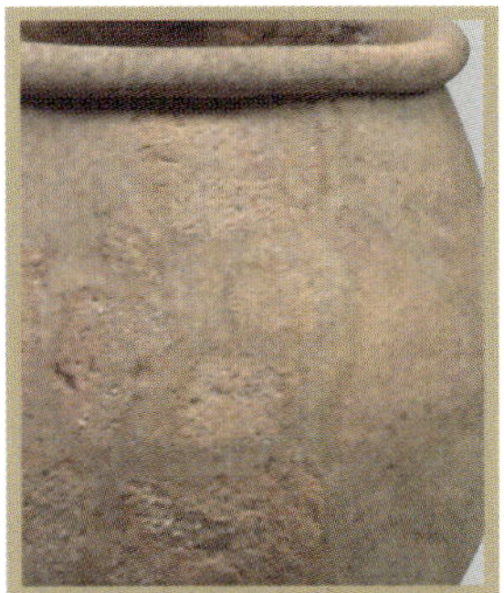

민무늬 토기

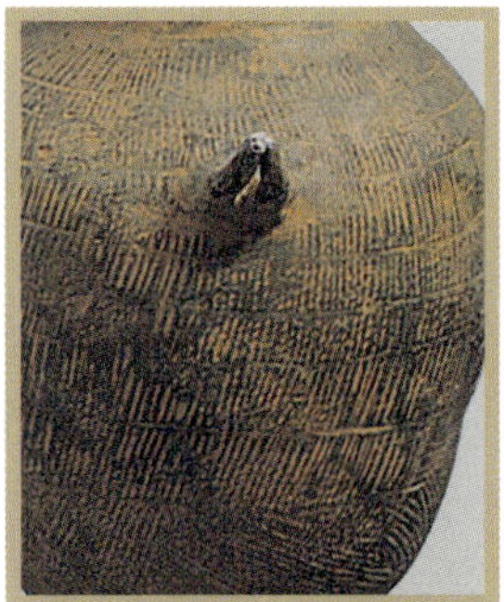

원삼국 토기

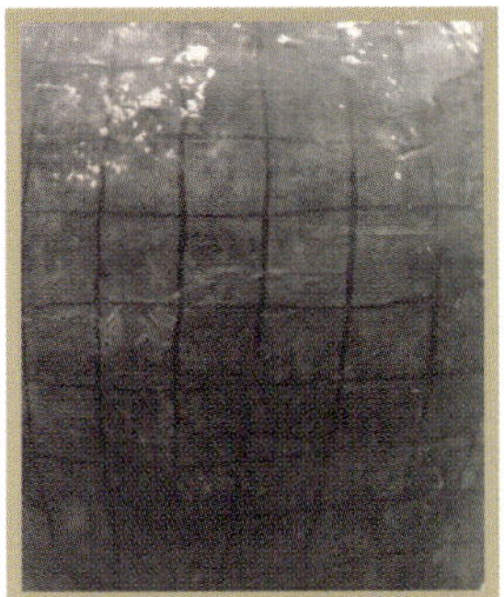

고구려 토기

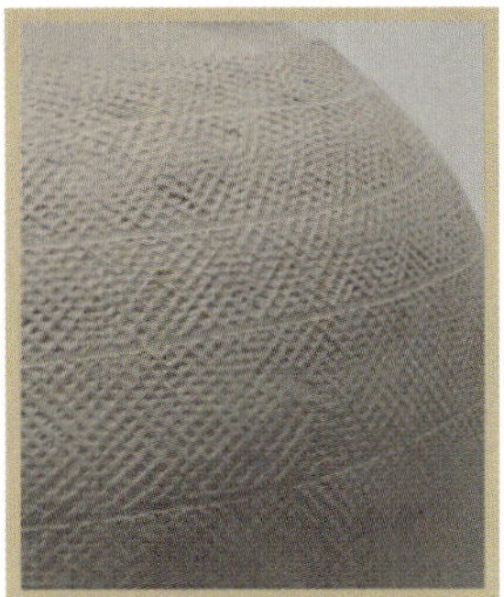

백제 토기

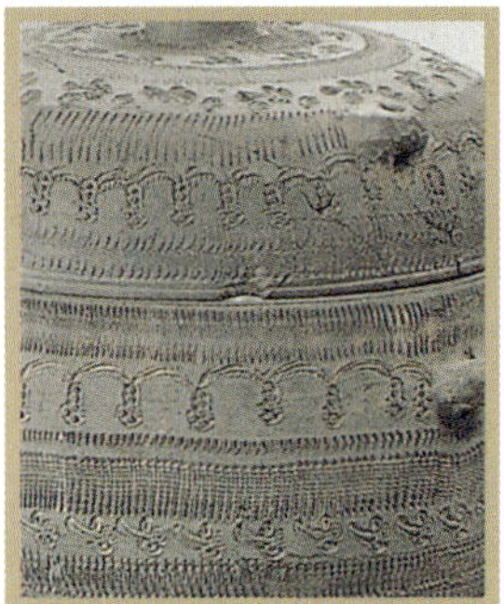

통일신라 토기

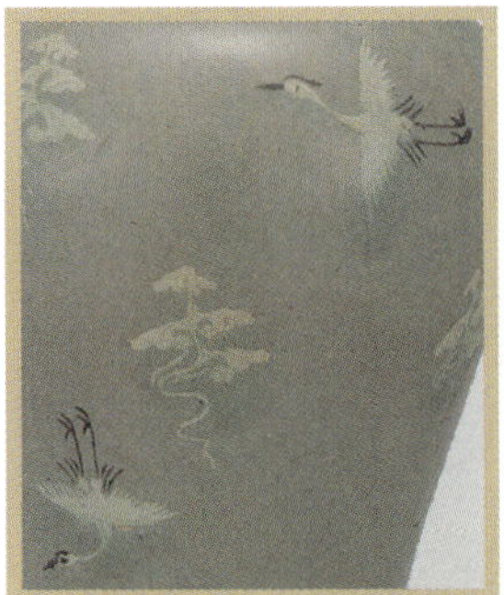

고려 청자

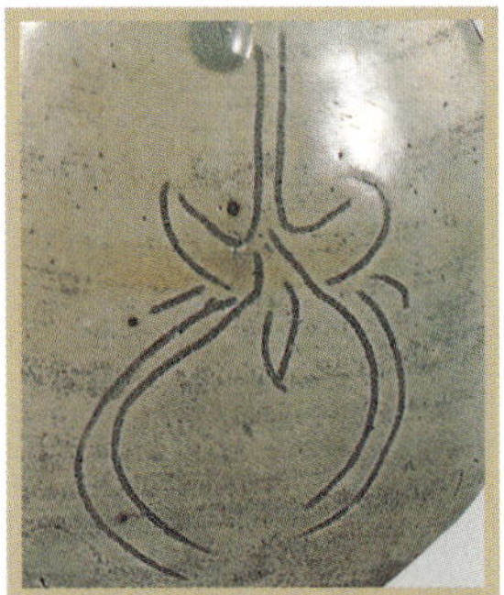

분청사기

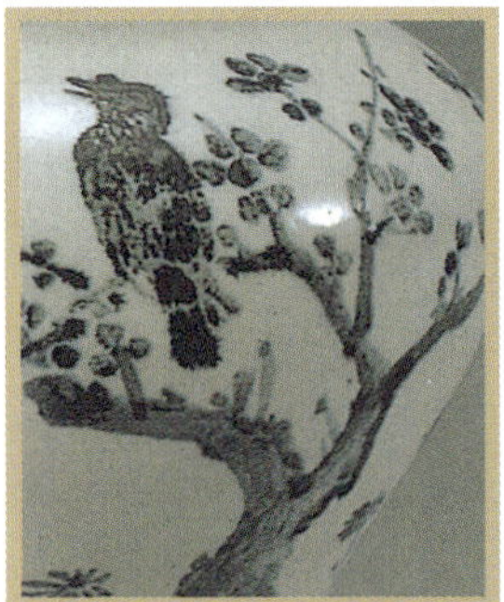

조선 백자

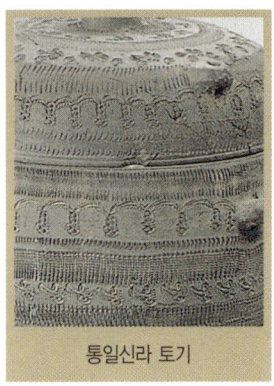

3 변신의 순간

뜨거운 가마에서 잘 견뎠구나. 멋진 그릇이 되었으니 함께 기념 사진을 찍어 볼까?

"자자, 다 준비되셨지요? 찍겠습니다. 거기! 기우뚱하게 기울어진 빗살이 똑바로 서요. 파랑이는 어깨 좀 내리고, 뒷줄에 하양이는 잠깐만 까치발로 서 있어요! 하나, 둘, 셋! 찰칵!"

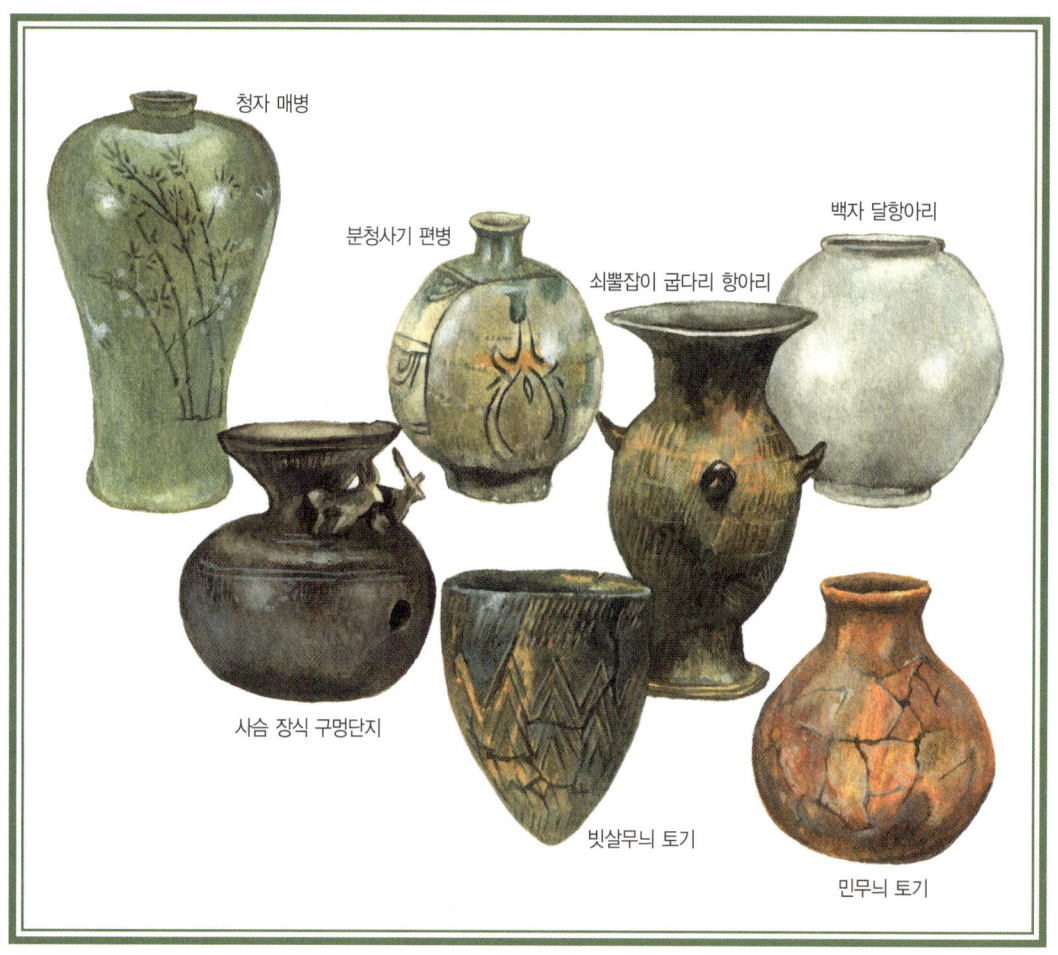

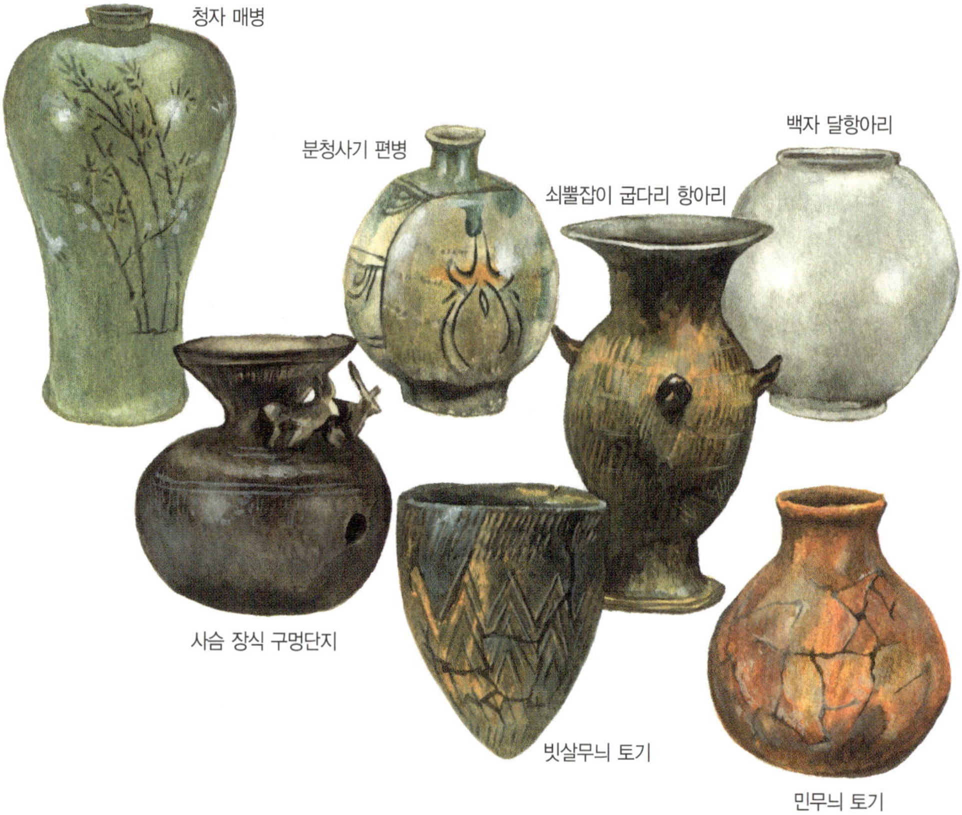

정답 ❶ 몸통 ❷ 아가리 ❸ 주둥이 ❹ 목 ❺ 어깨 ❻ 허리 ❼ 굽 ❽ 바닥

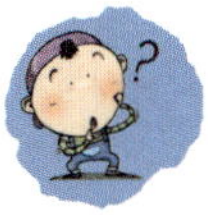

도자기에는 각 부위마다 부르는 이름이 있어요. 맨 위에 아가리와 주둥이가 있고 맨 아래 바닥과 굽이 있어요. 또 사람처럼 어깨, 목, 허리, 몸통도 있지요. 도자기의 각 부위에 이름을 써 넣어 보세요.

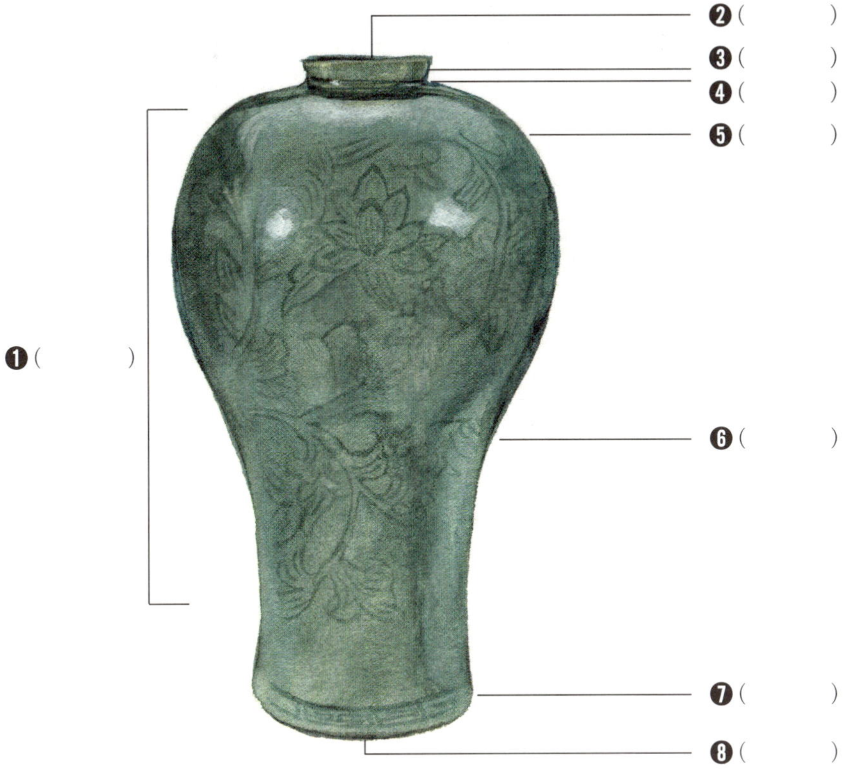

❶ (　　　)
❷ (　　　)
❸ (　　　)
❹ (　　　)
❺ (　　　)
❻ (　　　)
❼ (　　　)
❽ (　　　)

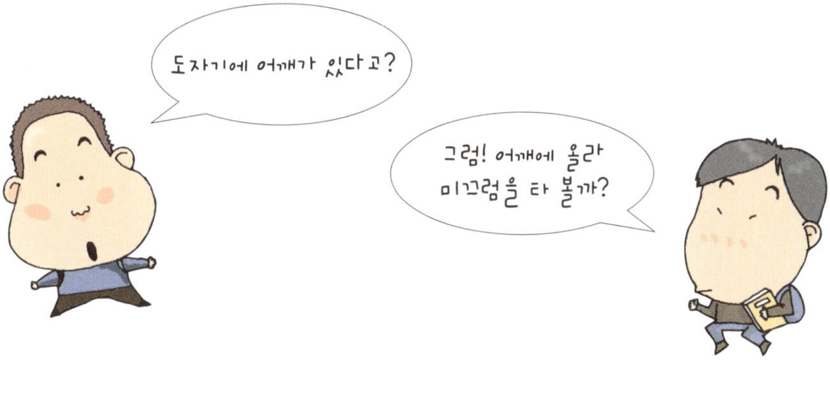

도자기에 어깨가 있다고?
그럼! 어깨에 올라 미끄럼을 타 볼까?

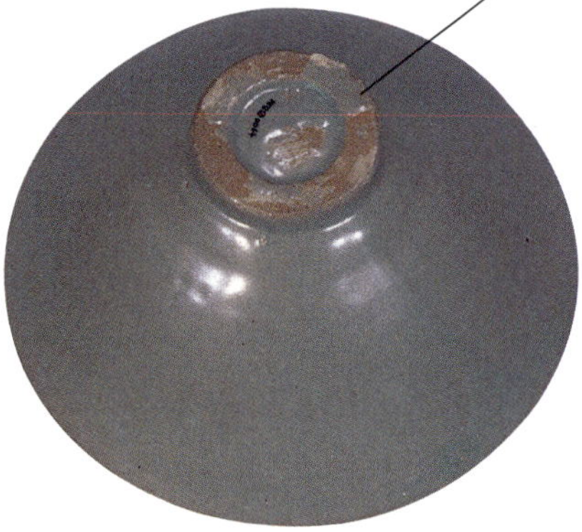

청자 완 ©해강도자미술관

"선생님, 이 대접은 굽이 두툼해요."
파랑이가 질문했어.
"잘 봤네! 이렇게 굽이 해 주위를 감싸안은 구름처럼 두툼한 것을 '햇무리굽'이라고 한단다."

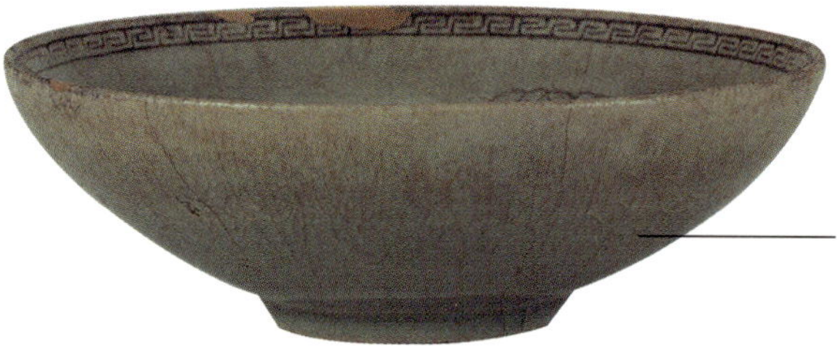

청자 상감 갈대 버드나무 오리무늬 대접 ©국립중앙박물관

"선생님, 이 대접에는 마구 금이 가 있어요. 불량품 아니에요?"
이번엔 하양이가 질문했어.
"이렇게 표면에 자잘한 금이 있는 도자기들이 더러 있지.
이런 무늬를 '빙열(식은테)'이라고 한단다."

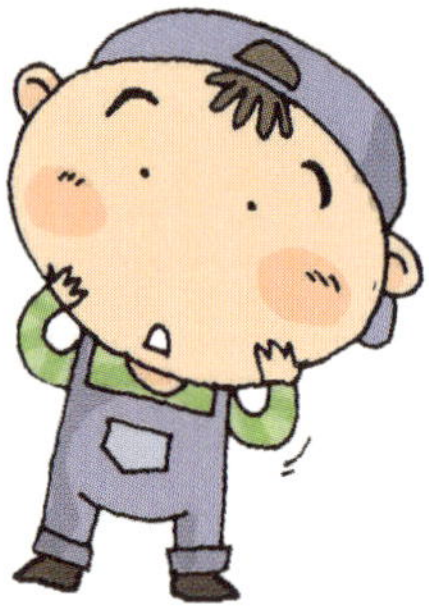

이제 우리 친구들의 고향을 여행해 볼까? 가장 먼저 태어난 빗살이네부터 가 보자. 빗살이가 태어난 곳은 신석기 시대였지?

go go!

3 콩콩콩! 토기야 나와라

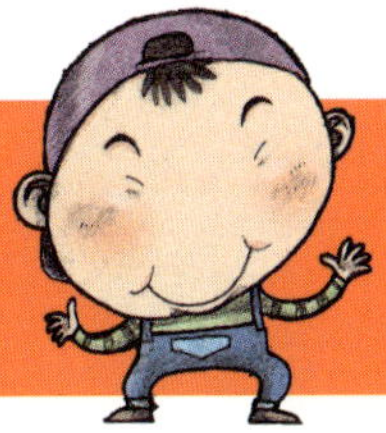

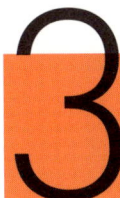

콩콩콩 뛰어 나온 토기들은 모두 군데군데 깨지고 금이 가 있었어. 왜 이렇게 상처를 많이 입었을까? 글쎄……. 우리 토기에 대한 궁금증을 하나하나 풀어 보기로 할까?

1 나는나는 덧무늬

언제 어떻게 태어났나요?

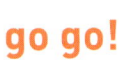

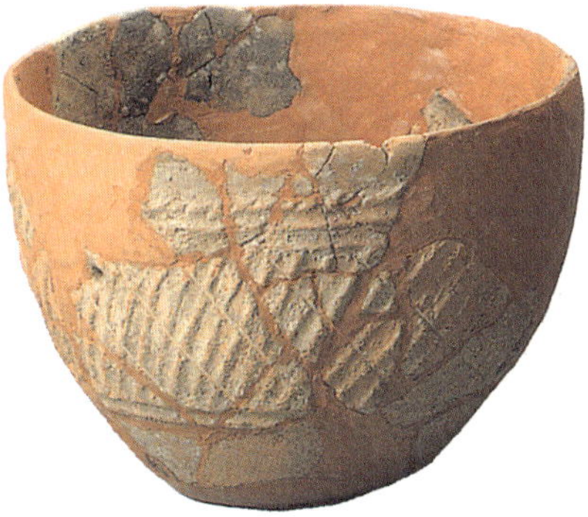

덧무늬 토기 ©국립중앙박물관

신석기 시대에 태어났어요. 이 세상에서 불과 흙이 만나 이루어 낸 최초의 작품이 바로 저예요. 저를 만든 사람은 흙을 아주 두껍게 빚었어요. 그런 다음 진흙으로 띠를 말아 그릇 바깥쪽에 덧붙이거나, 손가락으로 그릇 벽을 맞집어 도드라진 무늬를 만들었지요. 이것을 덧무늬라고 해요. 저는 바닥이 편편해서 땅바닥에 놓아도 넘어지지 않았어요. 사용하기 편리했겠지요?

어떤 그릇들이 함께 태어났나요?

저처럼 넓적한 대접도 있고, 바닥이 깊은 바리도 있어요. 태어난 곳에 따라 모양과 크기와 무늬가 많이 달라요. 바닥이 달걀처럼 뾰족한 그릇이 가장 대표적인 토기예요. 목항아리, 귀때 토기, 붉은칠 토기도 이 시기의 토기들이죠.

2 나는나는 빗살무늬

빗살무늬가 뭐예요?

빗처럼 생긴 무늬 새기개로 무늬를 새겼기 때문에 '빗살무늬 토기'라는 이름이 붙었어요. 바닥과 몸통, 아가리의 무늬가 서로 다르답니다. 빗살무늬에도 손톱무늬, 무지개무늬, 톱니무늬 등 여러 종류가 있지요.

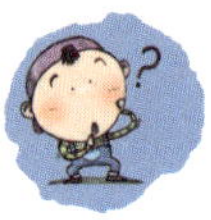

빗살무늬 토기에 빗살무늬가 빠졌잖아요. 빗살무늬 토기를 찾아 다음 그림에서 빠진 세모띠무늬를 그려 주세요.(귀띔: 신석기실 전시물)

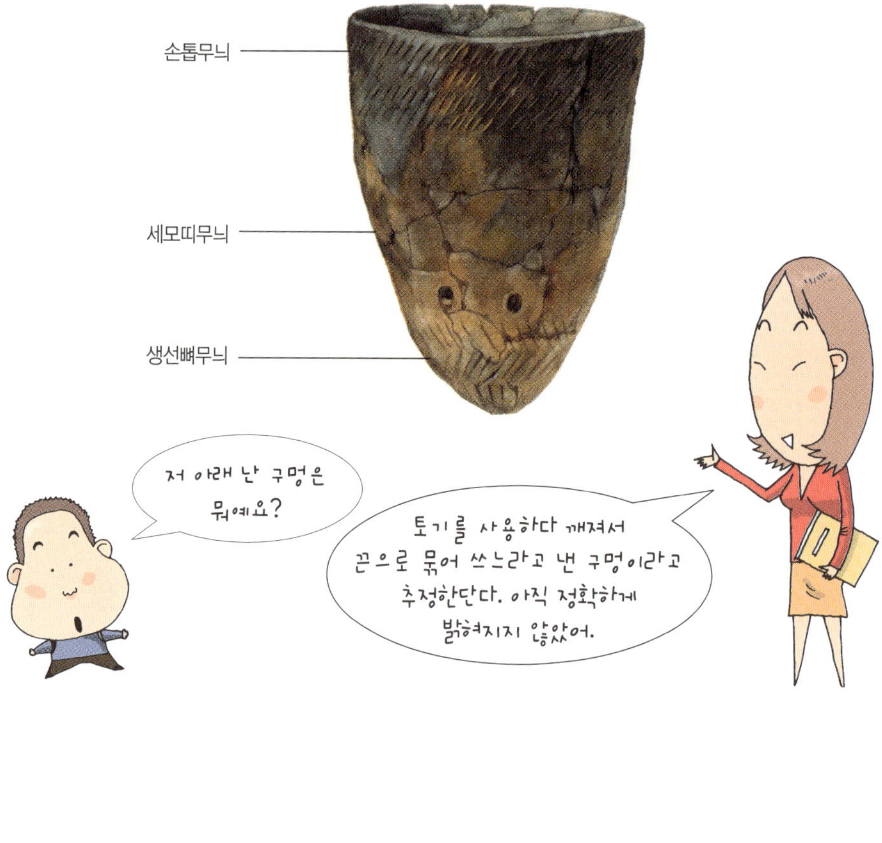

손톱무늬
세모띠무늬
생선뼈무늬
저 아래 난 구멍은 뭐예요?
토기를 사용하다 깨져서 끈으로 묶어 쓰느라고 낸 구멍이라고 추정한단다. 아직 정확하게 밝혀지지 않았어.

어떤 과정을 거쳐 그릇이 만들어지나요?

먼저 흙과 물을 잘 반죽해요. 그 다음 그릇을 빚는데 방법은 여러 가지가 있어요. 고리 모양으로 만들어 차곡차곡 쌓기도 하고, 긴 끈처럼 만들어 돌돌 말아 올리기도 하지요. 그냥 손으로 꾸욱꾹 눌러 그릇 모양으로 빚기도 해요. 그릇 틀이 잡히면 돌로 그릇 안팎을 두드려 모양을 바로잡아요. 마지막으로 그늘에서 말리기 전에 무늬를 새기지요. 무늬는 바다나 강의 물결 · 천둥번개 등을 상징하는데, 이것은 토기가 갈라지는 것을 막기 위해서였답니다.

이게 무슨 냄새지? 밥 짓는 냄새가 솔솔 나잖아. 모두들 배에서 꼬르륵 소리가 났어. 너나 할 것 없이 냄새가 나는 곳을 찾기 시작했지. 그 때 민이가 소리쳤어.

"우리 마을이에요. 훈훈한 밥 냄새! 내가 태어난 곳이라고요!"

3 나는나는 민무늬

민무늬가 뭐예요?

민무늬 토기는 청동기 시대의 토기예요. '민' 은 순우리말로 '꾸밈새나 붙어 딸린 것이 없음' 을 나타내지요. 그러니까 민무늬 토기는 무늬가 없는 토기를 말해요.

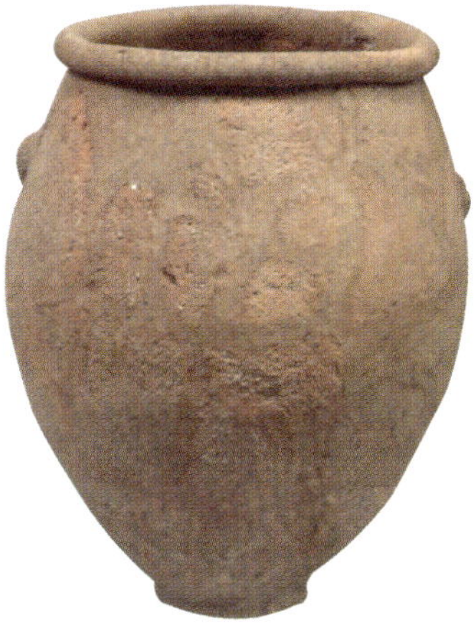

민무늬 토기(보령 교성리 출토)

왜 무늬가 없는 토기가 더 늦게 나왔을까요?

빗살무늬를 새긴 것은 토기가 갈라지지 않게 하기 위해서라고 했죠? 청동기 시대에는 공기가 통하지 않는 가마에서 높은 온도로 토기를 구워 낼 수 있었어요. 더 단단한 토기를 만들 수 있었기 때문에,

굳이 무늬를 새갈 필요가 없었죠. 하지만 색깔이 붉은 토기가 있는 것을 보면 꼭 그런 것도 아닌 것 같아요. 공기 속의 산소를 많이 흡수한 토기는 붉은 색깔을 띠거든요. 밀폐된 가마에서 굽지 않고 바깥에서 구웠다는 뜻이죠.

또, 겉이 매끈한 것도 있어요. 마치 유약을 바른 것처럼요. 하지만 이런 붉은(검은) 간토기는 유약을 바른 게 아니라 겉을 곱게 문질러 간 것이랍니다.

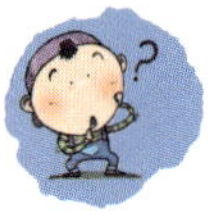

높은 굽이 달린 그릇은 어디에서 나왔을까요?
(귀띔: 청동기실 전시물)

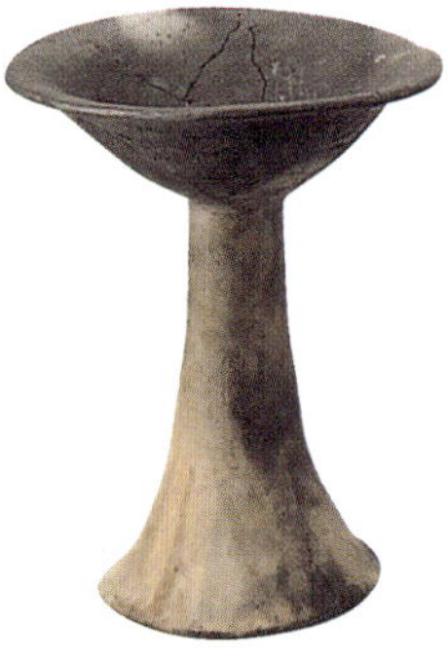

굽다리 접시 ©국립중앙박물관

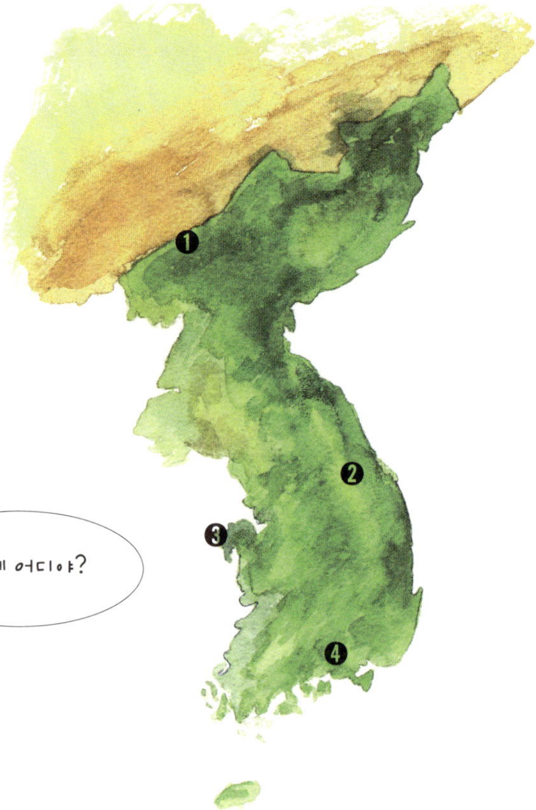

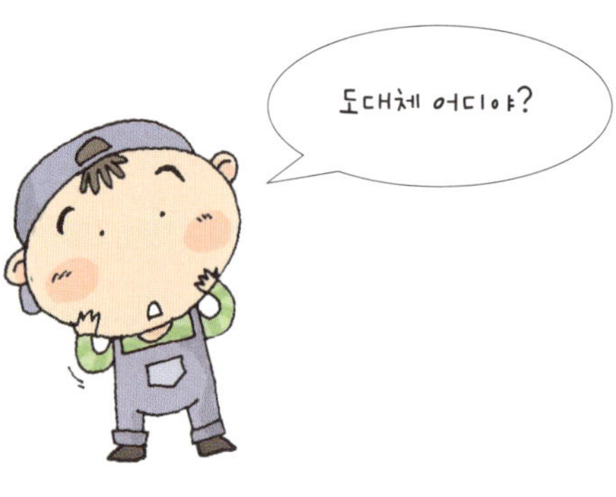

정답 창원 다호리 / ❹

go go!

4 땅땅땅! 질그릇 나와라

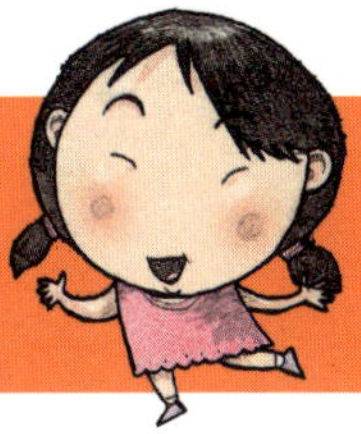

이제 질그릇 차례야. 토기들이 자기 소개를 마치자, 질그릇들은 기다렸다는 듯이 땅땅땅 배를 치며 나왔어. 빗살무늬 토기나 민무늬 토기와는 달리 얼굴빛이 검은색이나 회색, 연갈색이었어. 뜨거운 불에서 오랫동안 견뎠기 때문이지. 그만큼 단단한 몸을 가지게 된 질그릇들은 다른 것과 부딪쳐도 잘 깨지지 않아.

질그릇이 뭐예요?

찰흙과 모래로 빚은 그릇을 질그릇 또는 도기라고 해요. 가마에서 1000℃ 정도의 높은 온도로 구웠어요. 두드리면 쇳소리가 날 만큼 단단하지요. 회전판이 있는 물레를 돌려 그릇을 만든 것도 이 때부터예요.

어떤 색깔과 무늬를 썼나요?

공기가 통하지 않는 가마에서 구운 질그릇은 대개 회색이나 연한 갈색이 되었어요. 산소를 불길에 모두 빼앗겼기 때문이지요. 무늬는 샷무늬나 문살무늬를 많이 볼 수 있어요. 이것은 무늬가 새겨진 방망이로 두드려 만든 것이지요. 그렇게 하면 그릇이 더 단단해지거든요.

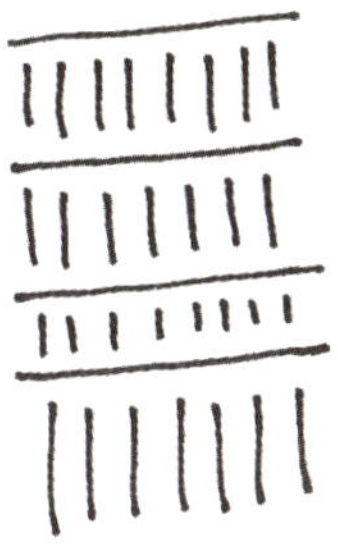

샷무늬

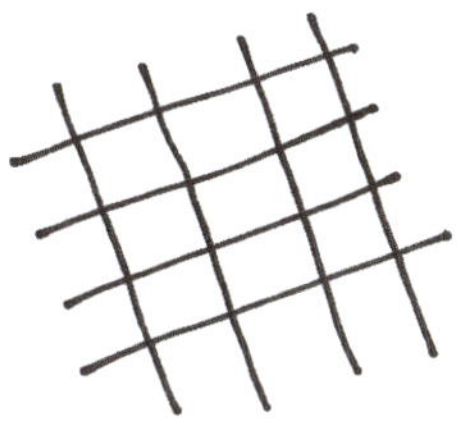

문살무늬

어떤 모양의 그릇이 많은가요?

원삼국 시대의 사람들은 가축을 이용하여 농사를 지었어요. 그래서 사람들은 소나 오리 같은 동물 모양으로 그릇을 만들었지요. 뿔 모양 네 귀 긴목항아리, 오리 모양 토기 같은 것들이에요. 또 이 때부터 굽다리 접시나 뚜껑 있는 항아리들이 나오기 시작했어요.

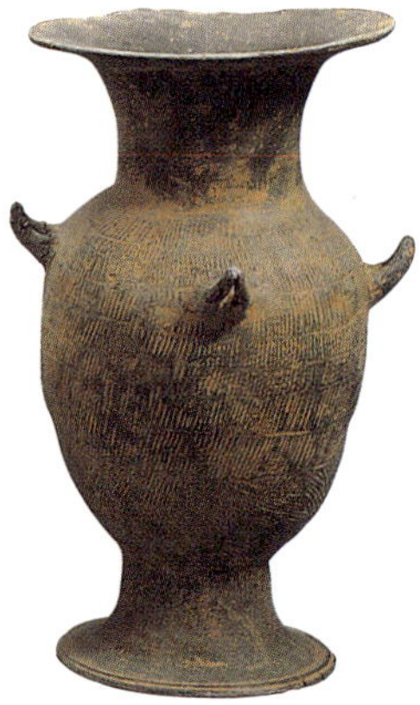
조합식 쇠뿔잡이 굽다리 항아리 ©국립중앙박물관

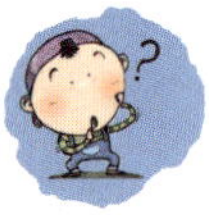
먹고 남은 곡식은 창고에 보관하기도 했지만, 떡을 해 먹기도 했어요. 쌀가루에 뜨거운 김을 오르게 하여 떡을 만드는 그릇을 무엇이라고 하나요?(귀띔: 원삼국실 전시물)

꽥꽥, 꽥꽥. 어디선가 요란한 소리가 들렸어. 오순도순 떡을 나누어 먹고 있던 우리들은 깜짝 놀랐어. 우리는 벌떡 일어나 소리 나는 쪽으로 가 봤어. 앗, 저것은……. 오리 세 마리가 뒤뚱뒤뚱 걸어오고 있잖아. 늙은 오리와 새끼 오리들이 앞서거니 뒤서거니 하며 오고 있는 거야. 어디 갔다 오냐고 물었더니, 하늘나라 심부름 갔다 오는 길이래.

1 오리끼리

왜 이렇게 오리가 많아요?

질그릇을 자세히 보면 오리를 많이 찾을 수 있어요. 오리 모양 토기도 있고, 오리가 장식된 뚜껑도 있어요.

오리는 날개가 있어 하늘을 날 수도 있고, 물갈퀴가 있어 물 속에서 헤엄칠 수도 있어요. 하늘과 땅, 물 속을 마음대로 오갈 수 있는 새이지요. 그래서 사람들은 오리에게 사람이 할 수 없는 일들을 빌었어요. 제사를 지낼 때 오리 모양 토기를 쓰면 복을 받고 홍수나 태풍이 피해 가서 풍년이 든다고 믿었죠. 또 자손이 번창한다고도 생각했어요. 오리는 알을 많이 낳거든요.

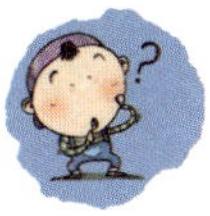

1. 오리 모양이 장식된 토기를 모두 찾아 이름을 써 보세요.
(귀띔: 원삼국실 전시물)

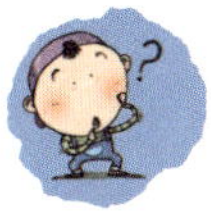

2. 오리들이 다 모였어요. 오리들은 지금 무엇을 하고 있을까요?
이 오리들은 서로 어떤 관계일까요?(귀띔: 원삼국실 전시물)

❶ ______________________

❷ ______________________

❸ ______________________

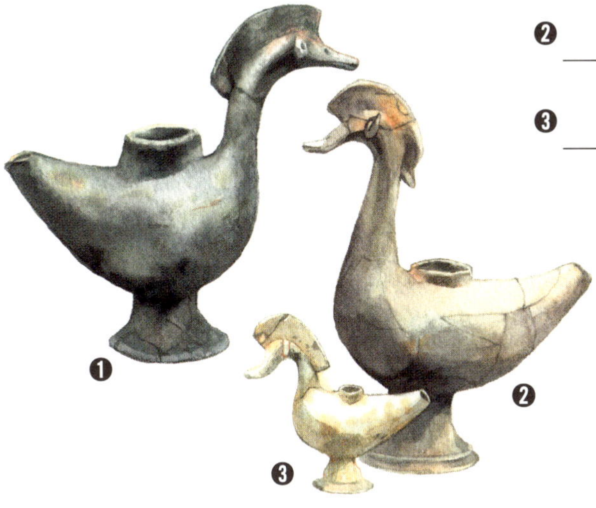

2 뚜껑끼리

뚜껑 있는 그릇은 언제부터 썼을까요?

뚜껑 있는 그릇은 청동기 시대 민무늬 토기에서 최초로 볼 수 있어요. 이때 뚜껑은 대접을 엎은 모양이에요. 원삼국 시대의 뚜껑도 아래 그릇보다 조금 넓게 만들어 고깔을 씌우듯이 걸쳐 놓는 식이었지요. 고구려 시대부터는 뚜껑의 귀가 그릇의 아가리 속으로 들어가도록 만들고 꼭지도 덧붙였어요. 백제 때 비로소 입이 딱 맞는 뚜껑이 나왔는데, 그 예로 뼈단지를 들 수 있어요. 죽은 사람의 뼛가루를 담는 뼈단지에는 뚜껑이 꼭 필요하거든요.

통일신라 때는 뚜껑과 몸체를 같은 크기로 만들었어요. 네모난 뚜껑이 처음 등장한 것은 통일신라 시대예요.

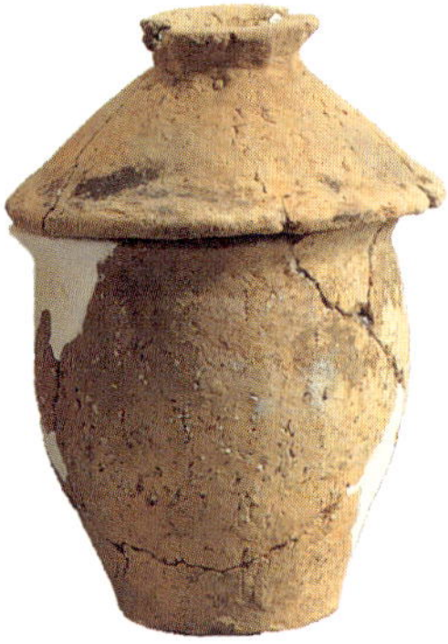
민무늬 뚜껑 토기(청동기)

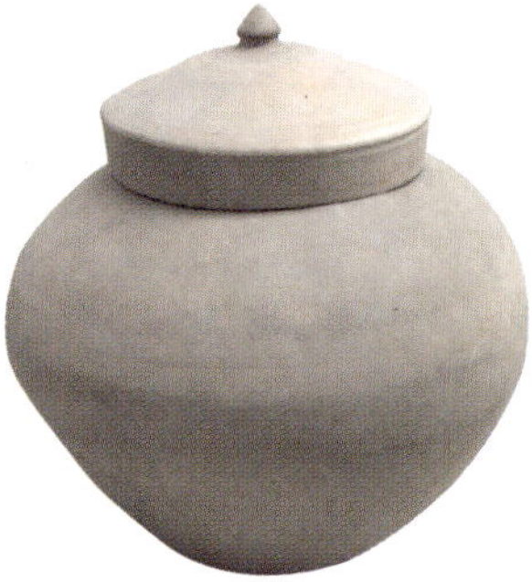
뼈단지(백제)

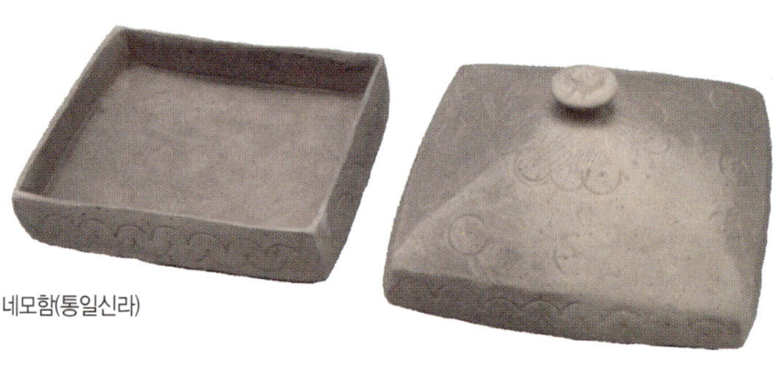
네모함(통일신라)

3 뿔끼리

뿔 모양 토기들은 언제부터 썼을까요?

원삼국실에는 쇠뿔잡이 목항아리와 쇠뿔잡이 귀때 토기가 있네요. 백제실에는 뿔이 네 개 달린 단지가 있고, 가야실에는 말머리 뿔잔과 말 몸에 붙은 뿔잔도 보여요. 뿔 모양 토기들은 신석기 시대부터 사용했어요. 주로 제사를 지내거나, 의식을 치를 때 사용했지요.

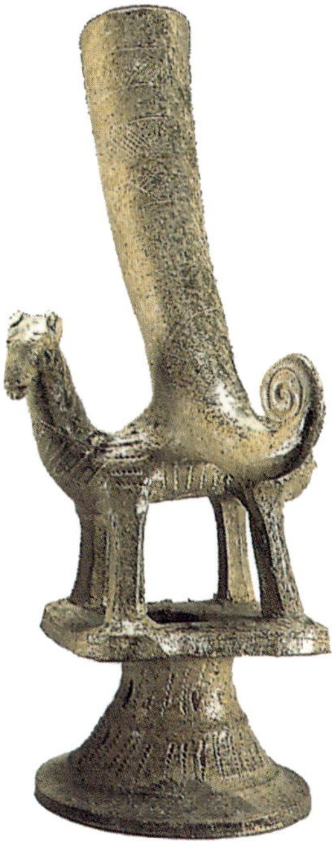

말 모양 뿔잔

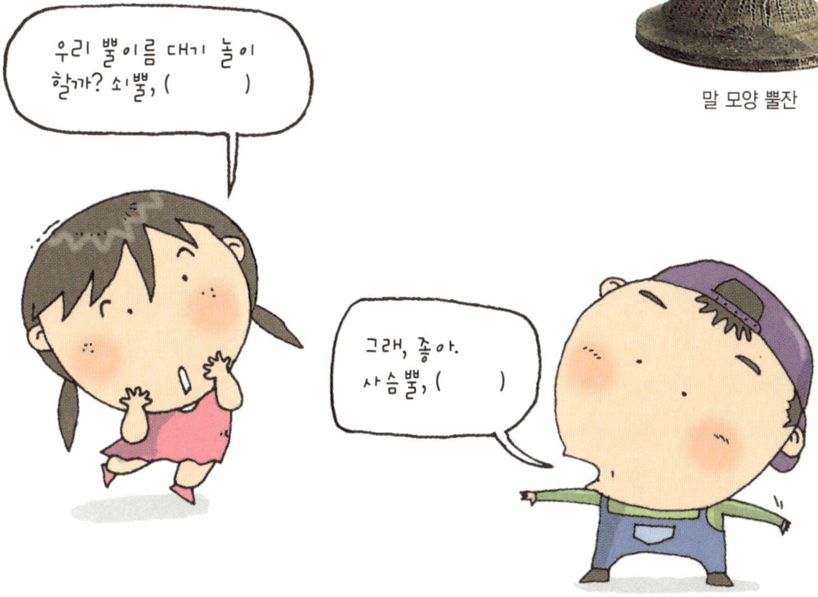
우리 뿔이름 대기 놀이 할까? 쇠뿔, (   )
그래, 좋아. 사슴뿔, (   )

go go!

5 고향 찾아 삼만 리

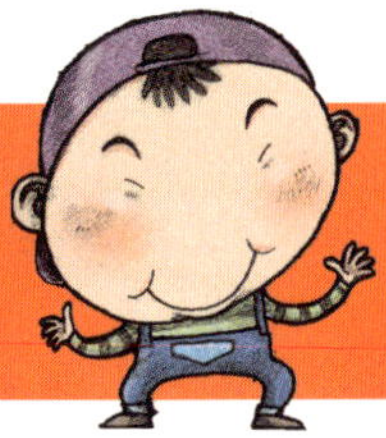

고구려 땅에 도착하자 세발이가 고향 찾아왔다고 엉덩이를 실룩거리며 덩실덩실 춤을 추네. 어디, 세발이가 들려주는 고향 이야기 한번 들어 볼까?

1 고구려 땅

고구려 유물은 왜 이렇게 적어요?

고구려의 수도였던 국내성과 장안성은 지금의 중국 지안, 북한의 평양 지역이지요. 발굴하기가 어렵고, 발굴하더라도 그 유물을 우리 박물관에 가져다 놓기는 어려운 실정이에요. 값도 아주 비싼 데다가 팔려고 하지도 않거든요.

고구려에서는 어떤 그릇을 썼을까요?

고구려 그릇에는 항아리가 많아요. 검은색을 띤 것이 주로 단단한 그릇이고, 갈색을 띤 것은 덜 단단해요. 아가리는 크고 바닥은 편편한 게 많아요. 고구려의 대표적인 그릇은 어깨에 네 개 또는 두 개의 귀(손잡이)가 달린 긴 항아리예요. 그 밖에 바닥이 넓은 대야와 병, 손잡이잔, 세발 토기, 벼루, 베개, 호자(호랑이 등의 동물 모양으로 만든 토기)가 있어요.

고구려 그릇에는 어떤 무늬가 있나요?

고구려 시대 그릇에서 볼 수 있는 무늬로는 물결무늬, 문살무늬, ×표무늬 등이 있어요.

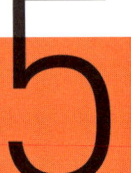

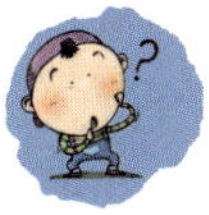

아래 무늬와 이름을 알맞게 짝지어 보세요.

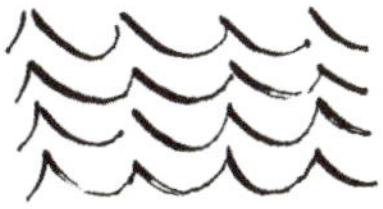

• × 표무늬

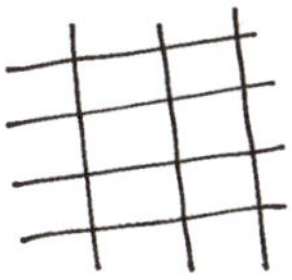

• 문살무늬

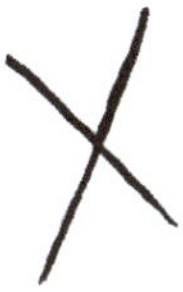

• 물결무늬

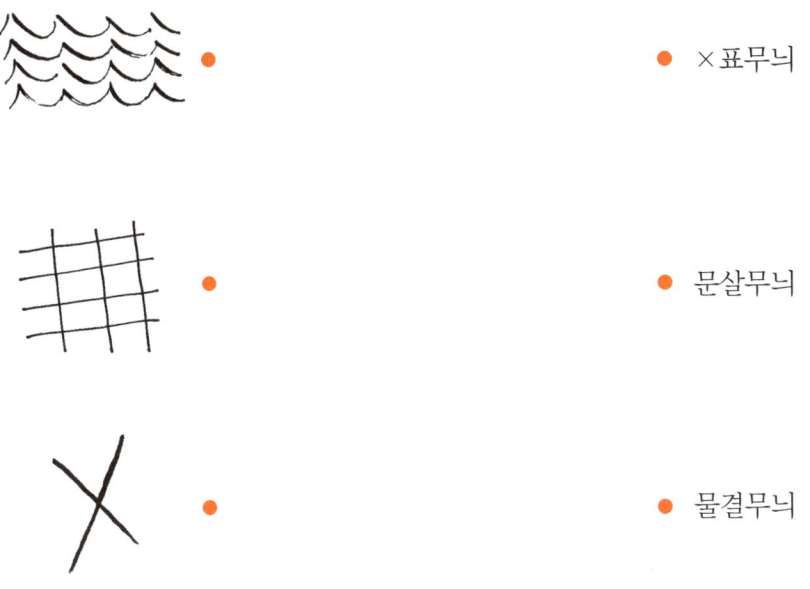

고구려 그릇은 어느 나라의 영향을 받았나요?

고구려 그릇은 중국의 영향을 많이 받았어요. 황갈색의 유약을 바른 토기들이 그렇지요. 또, 중국 동진에서 수입한 것으로 보이는 청자도 있어요.

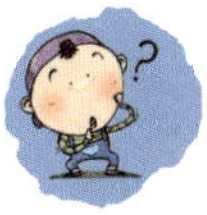

백제나 가야, 신라에는 모두 있지만 고구려에는 없는 그릇이 하나 있어요. 무엇일까요?(귀띔: 고구려실 전시물과 백제, 신라, 가야의 토기 비교)

정답 위에서부터 차례대로 물결무늬, 문살무늬, ×표무늬 / 굽다리 그릇

2 백제 땅

백제의 그릇에는 어떤 것들이 있을까요?

백제의 수도였던 서울, 공주, 부여의 유적지에서 발견된 그릇은 모두 중국 화남 지방의 영향을 받았어요. 중국의 양 모양 그릇과 비슷한 그릇이 나오기도 했지요. 발이 열두 개 달린 벼루나 뼈항아리는 불교의 영향을 받았어요. 세 발 토기는 백제의 가장 대표적인 그릇 모양이에요. 그릇받침, 향로, 단지도 세 발 달린 모양이 많지요.

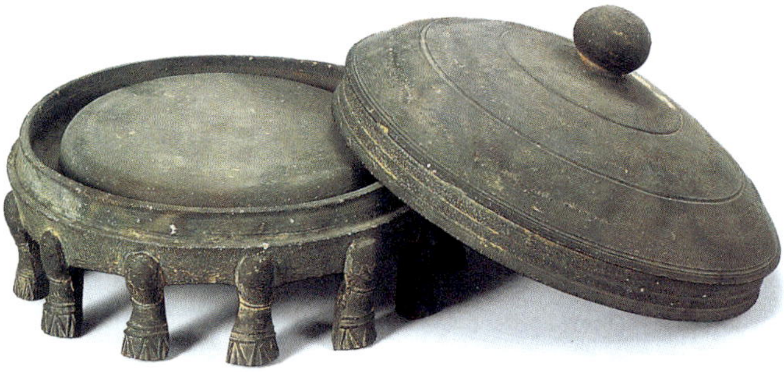

벼루 ©국립중앙박물관

이렇게 이상하게 생긴 그릇은 처음이에요

구멍 단지 사진을 보세요. 아가리가 아주 크고 나팔처럼 생겼지요? 가운데 뚫린 구멍 때문에 음식을 넣어 두면 줄줄 새거나 금세 상할 것 같아요. 아마 평소에 쓰는 그릇은 아닌가 봐요. 제사를 지낼 때나 큰 의식을 치를 때 썼던 그릇이었겠죠.

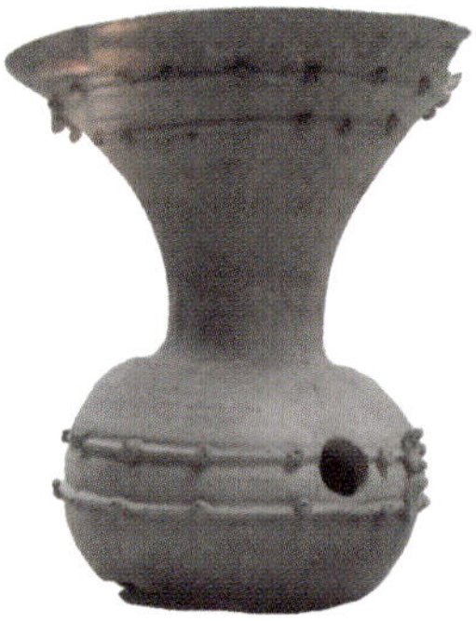

구멍 단지

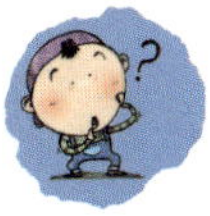

단지 가운데 왜 구멍을 뚫어 놓았을까요?

❶ 불을 피웠다.

❷ 빨대 같은 것을 꽂아 그릇 속의 액체를 빨아먹었다.

❸ 꽃을 꽂았다.

❹ 구멍 속으로 영혼이 드나든다고 생각했다.

뚜껑이 꼭 맞아요

뚜껑을 만드는 일은 아주 숙련된 기술이 필요해요. 그릇을 굽기 전과 구운 후의 크기가 다르거든요. 그 달라질 크기까지 가늠하고 만들어야 하니까 기술 없이는 불가능해요.

백제의 뚜껑 있는 그릇을 보면, 뚜껑과 몸체가 꼭 맞아요. 대단한 정성과 기술이 깃들어 있다는 것을 알 수 있지요.

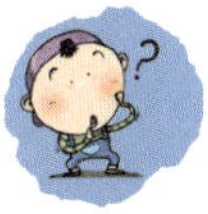

이렇게 정성을 다해 만든 뚜껑 있는 그릇은 무엇으로 사용했을까요?

❶ 밥그릇 ❷ 국그릇 ❸ 뼈단지 ❹ 화로

정답 ❷ / ❸

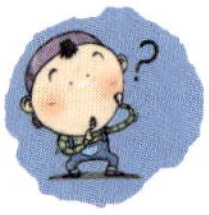

다음 토기의 알맞은 무늬를 찾아 짝지어 주세요.
(귀띔: 백제실 전시물)

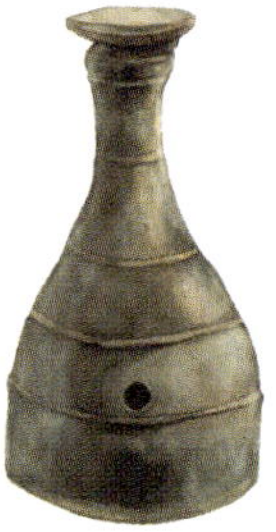

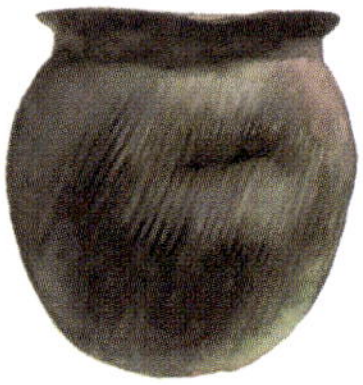

❶

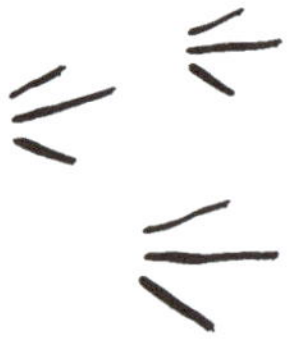

❷

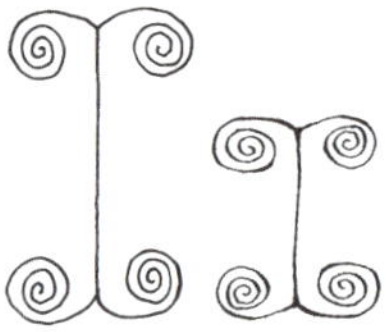

항아리가 무덤이래요

백제 사람들은 커다란 항아리에 사람을 묻기도 했어요. 이것을 독무덤이라고 해요. 독무덤은 두 개의 커다란 항아리를 마주 보게 놓고 그 안에 시신을 넣고 이음 부분을 황백색 진흙으로 발라 만든 무덤이에요. 길이는 273센티미터로, 어른 한 사람의 키보다 훨씬 길지요.

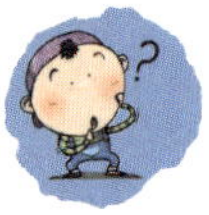

이 독무덤은 어느 지역에 있었나요?

정답 ❷ ❶ / 영산강 지역

3 신라 땅

어디선가 따그닥 따그닥 말발굽 소리가 들리네. 소리가 나는 쪽으로 달려갔어. 머리에 깃털을 꽂은 모자를 쓴 신라의 화랑이 말에서 내려 환영 인사를 했어. 어쩜, 정말 멋지다! 여기가 바로 신라 땅!

그런데 딸랑딸랑 이상한 소리가 자꾸 들려. 바로 무덤 속에서 들리는 소리야. 소리를 한번 따라가 볼까?

신라에서는 어떤 그릇을 썼을까요?

신라의 그릇은 돌처럼 단단해서 때리면 쇳소리가 나요. 흙이 '석기질'이기 때문이래요. 그릇에 윤기가 생기는 것은 흙 속의 규산이 그릇의 겉면에 녹아들었기 때문인데, 마치 유약을 바른 것 같은 효과가 나요. 구멍 뚫린 굽다리 접시와 긴 목항아리가 많고 뚜껑이 있는 접시도 많이 보여요.

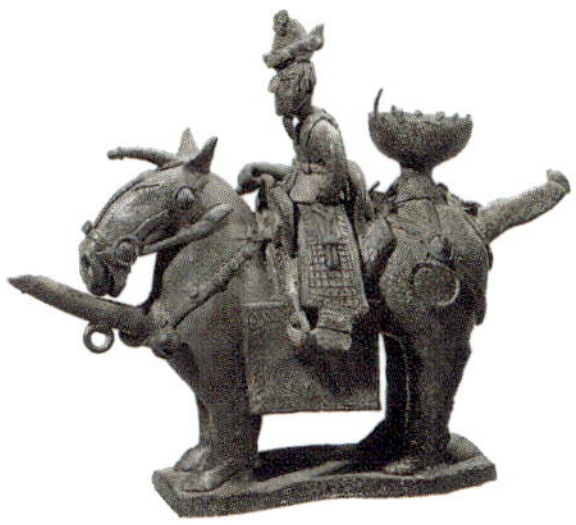

말탄 사람 모양 토기 ©국립중앙박물관

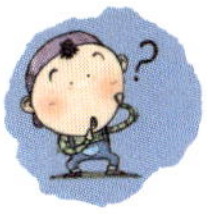

말탄 사람 모양 토기는 두 점이 있어요. 아랫사람으로 보이는 사람은 왜 방울을 들고 있을까요?

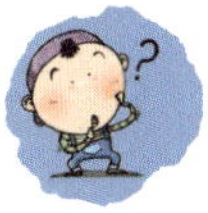

동물 그림 목항아리를 보세요. 어떤 무늬가 새겨져 있나요? 동물의 모습을 무늬로 그려서 맘대로 선생님의 목도리를 만들어 주세요.

(귀띔: 신라실 전시물)

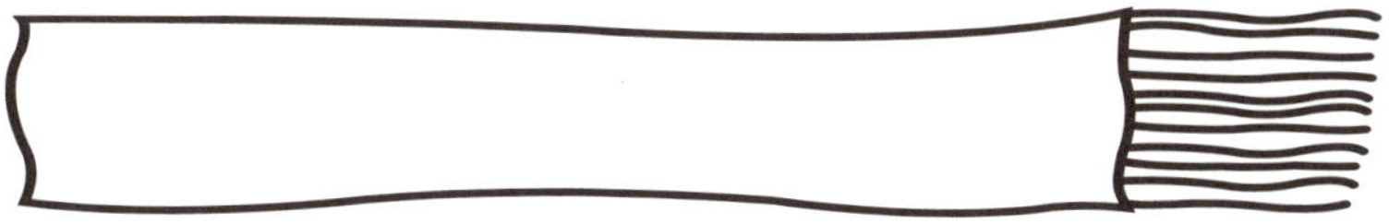

정답 주인의 영혼을 인도하기 위해서 방울을 흔들었다.

신라의 그릇은 어떤 특징이 있나요?

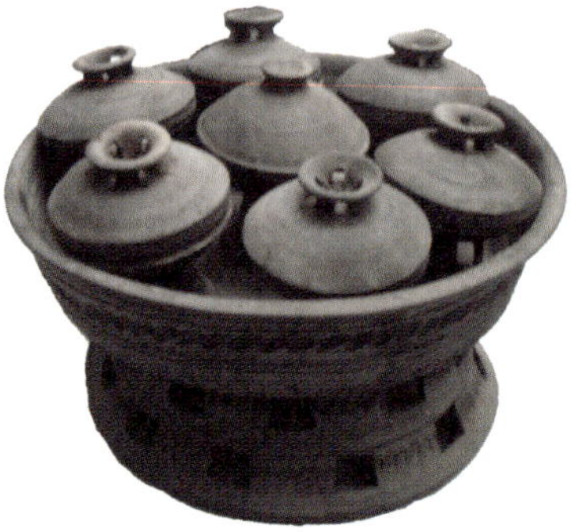

여러잔 토기

신라의 그릇에는 겉면에 사람이나 동물이 붙어 있는 게 많아요. 또, 구멍이 작게 뚫린 낮은 굽다리에 뚜껑이 꼭 맞는 합이 많아요. 합 뚜껑에는 탑 모양, 보주(불탑 꼭대기 등에 장식하는 구슬) 모양, 잔 모양의 꼭지가 달려 있고, 그릇의 겉면에는 도장이 찍혀 있거나 톱니무늬가 새겨져 있죠. 불교의 영향을 받은 이러한 합들은 대개 뼈단지로 쓰였다고 해요.

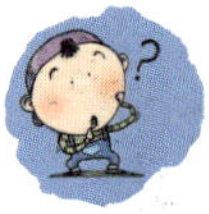

신라의 굽다리 그릇과 가야의 굽다리 그릇의 특징을 비교해 보세요. 대부분의 신라의 굽다리 그릇은 구멍이 어떻게 뚫려 있나요?(귀띔: 신라실 전시물)

❶ 엇갈려 뚫려 있다.

❷ 나란히 뚫려 있다.

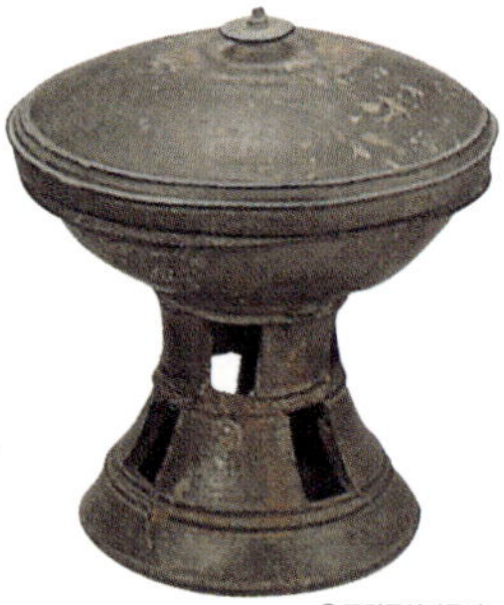

토우가 뭐예요?

토우는 흙으로 만든 인형이에요. 사람뿐 아니라 동물, 물건을 본떠 만들었지요. 크기는 10센티미터 정도로 아주 작아요. 토우는 신석기 시대부터 만들었는데, 그 때는 그릇에 붙이지 않고 몸에 지니고 다녔어요. 그러다가 차츰 그릇을 장식하는 데 쓰였지요.

❶ 정답

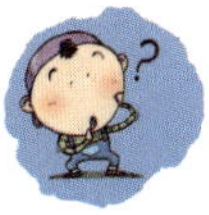

신라의 토우에는 어떤 것들이 있는지 조사해 보세요.

❶ 하늘 : ______________________________

❷ 땅 : ______________________________

❸ 물 : ______________________________

❹ 상상의 동물 : ______________________________

❺ 지금 우리나라에 살지 않는 동물 : ______________________________

토우 장식 목항아리에는 뱀이 개구리를 잡아먹으려는 장면과 벌거벗은 남자의 모습을 한 토우가 붙어 있어요. 이 항아리를 무덤 속에 넣어 주면서 죽은 사람이 다시 태어나기를 바라는 마음으로 겨울잠을 자는 개구리와 뱀, 사람의 씨앗을 품고 있는 남자를 붙였다고 해요.

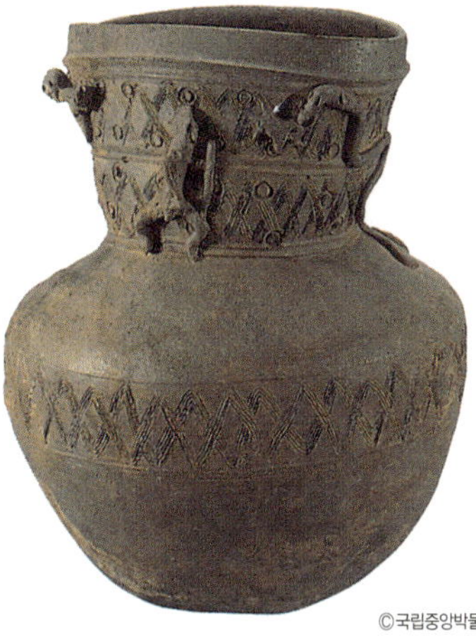

©국립중앙박물관

정답 ❶ 하늘 : 독수리, 오리, 원앙 ❷ 땅 : 뱀, 호랑이, 멧돼지, 사슴, 말, 개, 토끼, 소, 원숭이 ❸ 물 : 게, 자라, 물개, 거북이, 맹꽁이, 오리, 원앙 ❹ 상상의 동물 : 용 ❺ 지금 우리나라에 살지 않는 동물 : 개미핥기

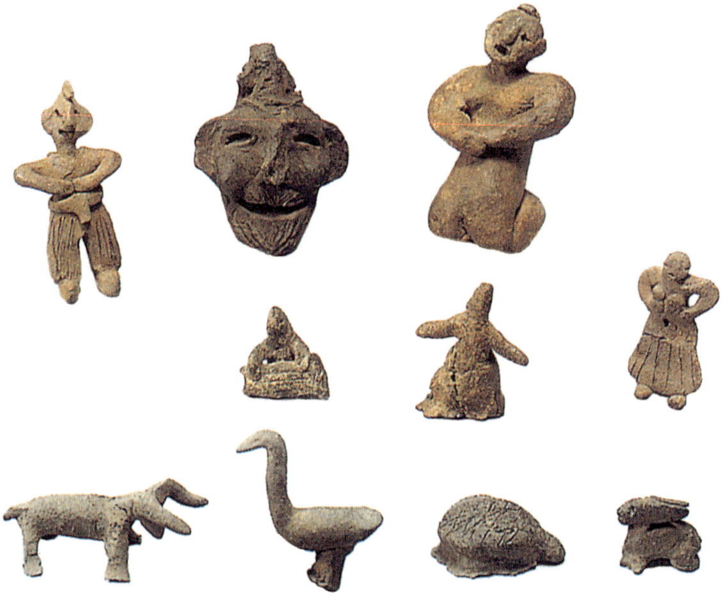

ⓒ국립중앙박물관

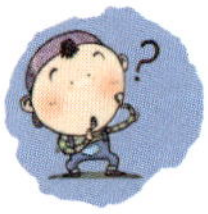

가장 마음에 드는 토우를 골라 그 모습을 그리고 재미있는 별명도 지어 주세요.

❶ 모습 그리기

❷ 별명 짓기

4 가야 땅

가야에서는 어떤 그릇을 썼을까요?

가야 토기는 굴 가마에서 구운 회청색의 단단한 토기예요. 주로 일상 생활에서 쓰던 그릇들이 많지요. 항아리나 굽다리 그릇이 보이고, 집이나 배 같은 실제 물건을 본뜬 그릇도 있어요. 신라 토기와 비슷한 모양이 많고, 그릇에 부드러운 곡선이 많이 나타나는 것이 특징이에요.

멧돼지가 붙어 있는 모양에서부터, 쇠뿔 모양의 잔에 말이 붙은 것, 수레바퀴 모양까지 특이한 모양이 많지요. 모두 속이 비어 있어서 그 안에 무언가를 담을 수 있는 '진짜' 그릇이랍니다.

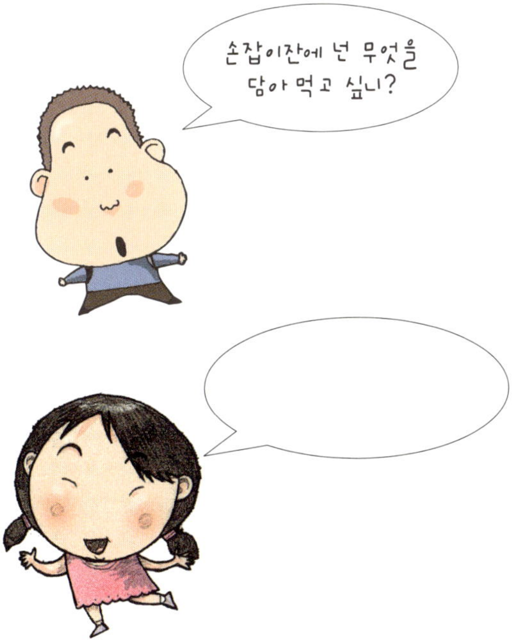

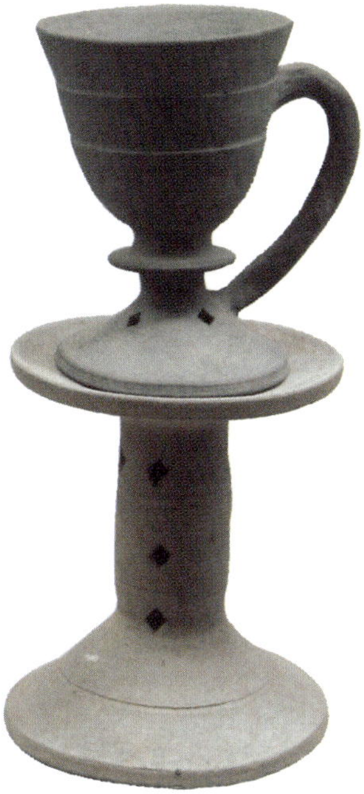

손잡이잔과 그릇받침

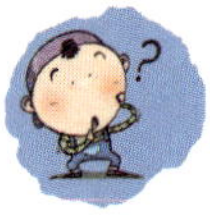

지붕과 벽에는 어떤 동물이 있나요?
이 동물들이 나누는 이야기를 꾸며 보세요.(귀띔: 가야실 전시물)

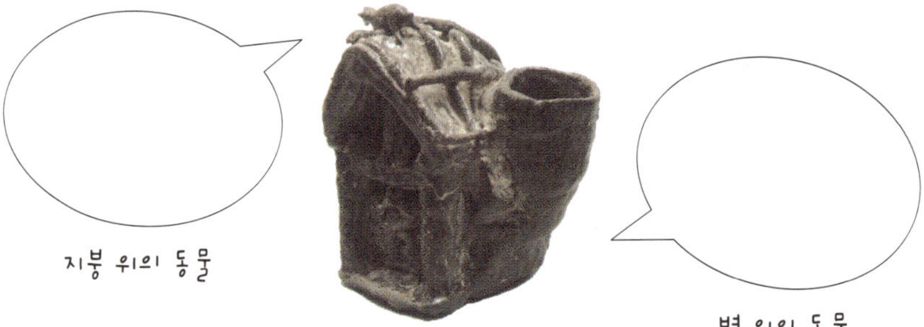

집 모양 토기

그릇은 밥 먹는 데만 썼을까요?

가야 사람들은 집 모양 토기, 짚신 모양 토기, 말머리 뿔잔 등을 죽은 사람의 무덤에 넣어 주었대요. 그것이 죽은 사람의 영혼을 하늘나라로 실어다 줄 거라고 믿은 거지요.

그 밖에 사슴 장식 구멍 단지, 오리 모양 토기, 수레바퀴 토기 같은 것들은 모두 가야 사람들의 생활상을 보여 주는 토기들이지요.

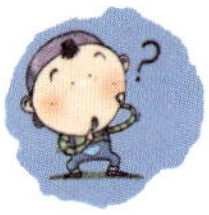

가야의 토기를 잘 보고 알맞은 것에 동그라미 하세요.

❶ 가야 사람들은 (사슴, 호랑이, 뱀)을(를) 신성시했어요.

❷ 가야 사람들은 (돼지, 오리, 햄스터)를 많이 키웠어요.

❸ 가야 사람들은 (아파트, 기와집, 동굴)에서 살았어요.

❹ 가야 사람들은 (짚신, 고무신, 운동화)을(를) 신었어요.

❺ 가야 사람들은 (수레바퀴, 타이어)가 달린 탈것을 이용했어요.

정답 고양이 / ❶ 사슴 ❷ 오리 ❸ 기와집 ❹ 짚신 ❺ 수레바퀴

굽다리 그릇이 정말 많아요

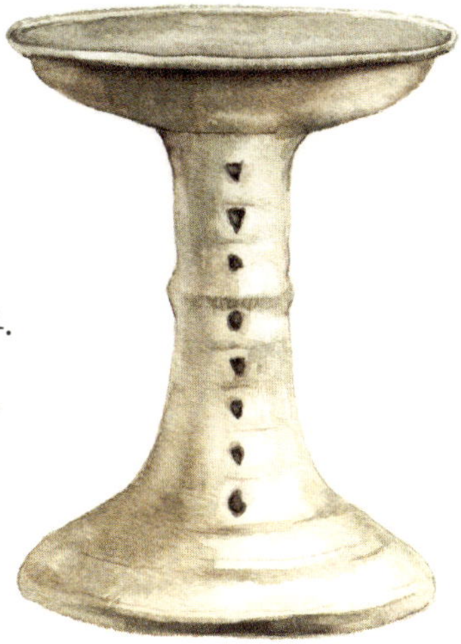

굽다리 접시(가야)

가야 유물 중에는 다른 어떤 나라보다 굽다리 그릇이 많아요. 굽다리 형식은 처음엔 그릇받침으로 나타나다가 그릇과 굽이 붙어 있는 형태로 바뀌어 갔지요. 굽다리에 뚫린 구멍 모양은 네모, 세모, 마름모, 동그라미 등 다양해요. 이 구멍은 한 줄로 쪼르르 이어져 있는 게 많지요.

또, 이 때부터 뚜껑 있는 그릇과 손잡이 달린 그릇이 나타나기 시작해요. 뚜껑에는 점이나 세모 모양이 새겨져 있는데, 대개 몸체보다 뚜껑의 아가리가 크지요.

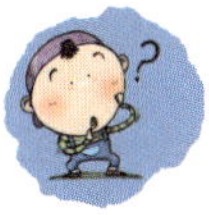

다음 중 가야의 굽다리 그릇에 뚫린 구멍의 모양이 아닌 것을 찾아보세요.

❶ △ ▽　　❷ ○　　❸ ◇　　❹ ☆

가야는 어떤 나라와 교류를 했나요?

가야는 낙동강 주변에 있던 나라예요. 금관가야, 아라가야, 대가야, 소가야로 나뉘어 있었지요. 모두 남해안 지역에 위치해 있었기 때문에 바닷길을 건너 일본과 교류를 했어요. 4세기 경 일본에서 건너온 항아리를 보면, 굽이 높고 붉은색을 띠며 손잡이가 그릇 크기에 비해 유난히 크지요.

정답 ❹

5 통일신라 땅

뼈단지가 뭐예요?

뼈단지는 죽은 사람의 몸을 불에 태워 남은 뼈를 추려 담는 그릇이에요. 뼈단지는 모두 뚜껑이 있다는 공통점이 있어요. 통일신라 시대 말기에는 중국의 '당삼채'를 본떠 녹색의 유약을 칠한 뼈단지를 만들었어요. 사람의 시신을 불태우는 것은 불교의 영향을 받았기 때문이에요.

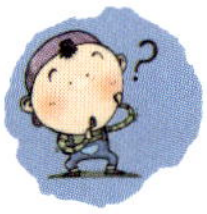

통일신라 시대의 그릇에 나타나는 무늬가 아닌 것은 무엇일까요?

❶

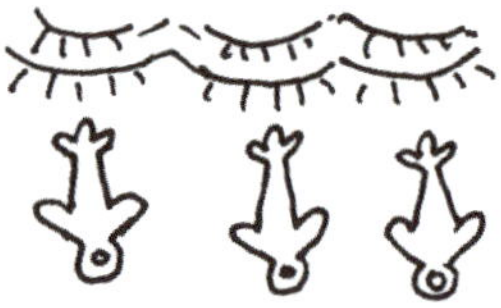

❷

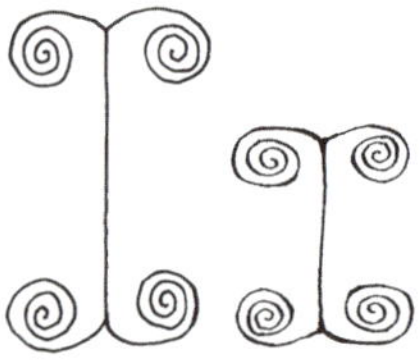

❸

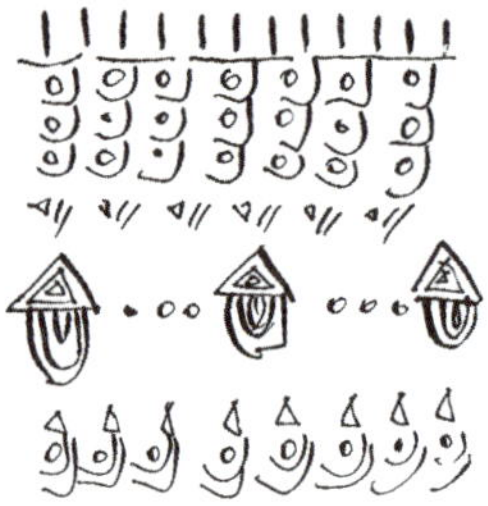

정답 ❷

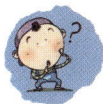

뚜껑과 몸체에 구멍이 네 개씩 뚫린 뼈단지를 찾아보세요. 이 네 개의 구멍은 무엇에 쓰였을까요?(귀띔: 통일신라 전시물)

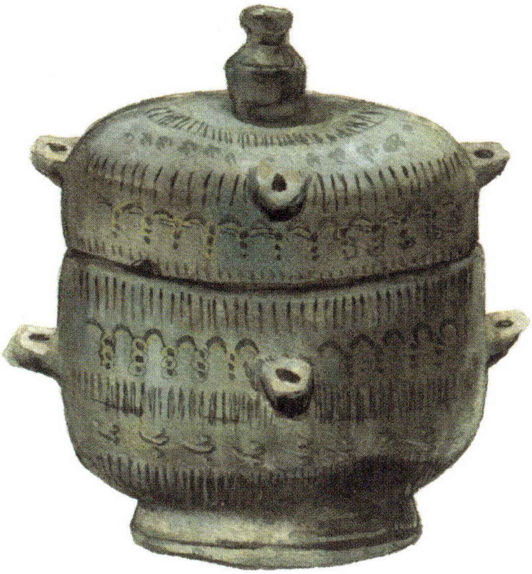

6 발해 땅

발해의 토기들을 보세요. 발해 토기들은 유물이 많지 않아요. 그것은 지금 그곳이 우리나라 땅이 아니라 발굴이 어렵기 때문이에요. 유물은 몇 점 안 되지만 잘 살펴보세요.

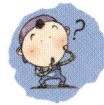

발해의 토기들은 삼국 시대 어느 나라의 토기와 가장 비슷한가요?

정답 뼈를 담고 끈으로 묶기 위한 구멍 / 고구려

go go!

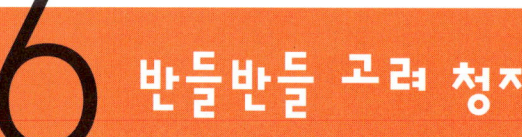

6 반들반들 고려 청자

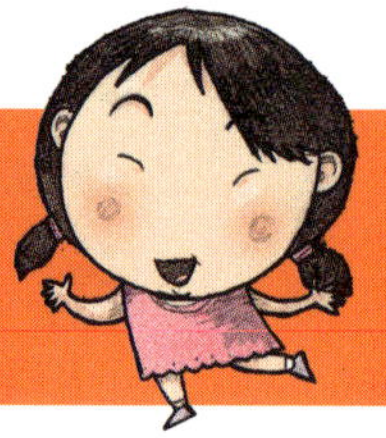

"선생님, 저기 강물이 있어요!"

세발이가 가리키는 곳을 보니 대동강이었어. 그러고 보니 어느 새 평양 근처까지 왔잖아. 시원한 강물에 몸을 담그고 오랜만에 물장구를 치며 놀았지. 어, 그런데 이게 뭐야? 연꽃이야. 커다란 연꽃 안에서 무언가 꿈틀거리기 시작했어. 모두 숨을 죽이고 지켜봤지. 연꽃 속에서 나온 것은 어룡이었어. 커다란 어룡이 우리에게 다가와 등을 내밀지 뭐야. 우리는 얼른 어룡의 등에 올라타고 강가로 올라왔어.

"선생님, 우리 포도밭에 가 봐요."

파랑이가 소리쳤어.

"난 저기 버드나무 아래서 낮잠이나 자야겠다. 너희끼리 가서 놀고 있어."

아-흠. 한숨 자야지. 어라, 베개까지 놓여 있잖아!

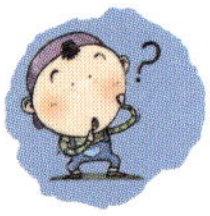

1. 연꽃 속에서 나타나 등을 빌려 준 어룡을 찾아 그 도자기 이름을 적어 주세요.(귀띔: 고려 청자 전시물)

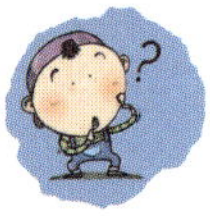

2. 버드나무무늬가 있는 그릇을 찾아 그 이름을 한 가지만 적어 주세요.

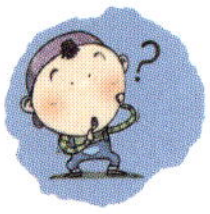

3. 맘대로 선생님의 베개를 찾아보세요. 베개는 박물관에 딱 하나밖에 없답니다. 베개에는 어떤 무늬가 있나요? 무늬 이름을 모두 적어 주세요.

정답 1. 어룡 모양 주전자 2. 청자 상감 버드나무 갈대무늬 병(예) 3. 모란, 연꽃

1 내 이름이 뭐게?

도자기 이름은 어떻게 짓나요?

도자기 이름을 짓는 법은 토기와는 달라요. 토기는 생긴 모양새에 따라 '굽다리 항아리' '세 발 토기' 등으로 부르지만, 자기는 무늬를 만드는 방법과 무늬 이름까지도 이름에 포함시키거든요.

도자기 이름 짓는 순서는 다음과 같아요.

❶ 도자기의 종류(청자, 분청, 백자 등)
❷ 무늬를 만드는 방법(순, 상감, 철화, 동화, 화금, 퇴화 등)
❸ 무늬의 이름(운학, 용, 버드나무, 물새, 모란 등)
❹ 그릇의 모양(병, 매병, 편병, 사발 등)

예를 들어,
❶ 청자이고,
❷ 상감 기법을 썼으며,
❸ 매화, 대나무, 학이 들어가고,
❹ 매병이라면
'청자 상감 매화 대나무 학무늬 매병'이라고 이름 붙이지요. 어때요? 어렵지 않죠?

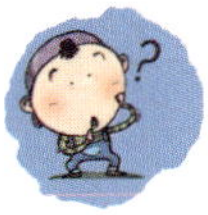

다음 도자기에 이름을 붙여 볼까요? 맞는 내용에 동그라미를 해 보세요.(귀띔: 고려 청자 전시물)

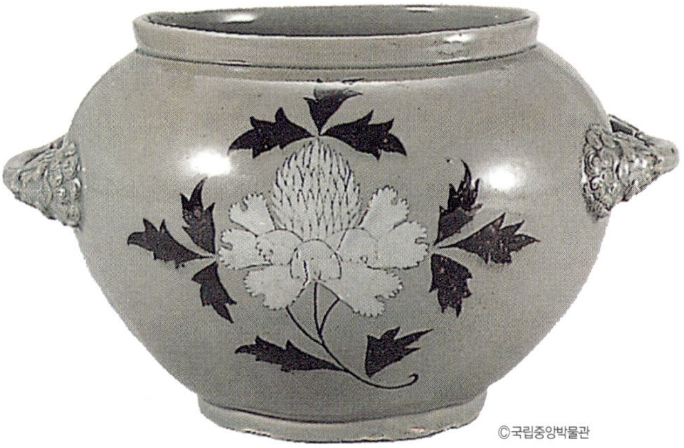

©국립중앙박물관

❶ 도자기의 종류는 (청자, 백자, 분청사기)예요.

❷ 무늬는 (상감, 철화, 동화) 기법을 썼어요.

❸ 도자기에는 (대나무, 학, 모란, 용)이(가) 무늬로 들어 있어요.

❹ 이 그릇의 모양은 (매병, 편병, 대접, 항아리)(이)랍니다.

그래서 이 그릇의 이름은 ______________________ 이지요.

정답 청자 상감 모란무늬 항아리

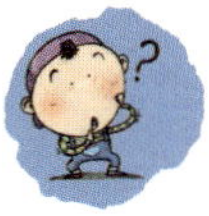

포도 동자무늬 주전자와 받침에 포도가 빠져 있네요. 잘 익어 먹음직스러운 포도를 그려 넣어 주세요.(귀띔: 고려 청자 전시물)

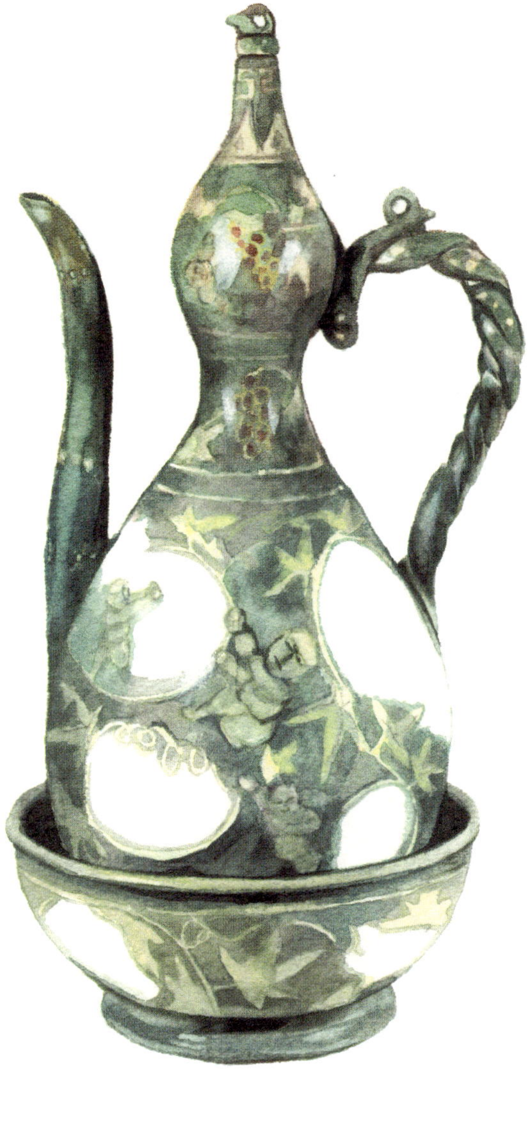

청자에는 어떤 꽃을 무늬로 넣었을까요?

불교를 국교로 했던 고려 시대 사람들은 청자를 연꽃, 국화, 매화, 모란 등으로 꾸몄어요.

연꽃은 더러운 물에서 자라지만 늘 아름답고 깨끗한 꽃을 피워요. 그래서 연꽃은 괴로움을 견디고 깨달음을 얻은 부처를 대신하는 꽃이라고도 하고, 밤에는 꽃잎을 오므렸다가 아침이 되면 피어나는 모습이 해를 닮았다고 해서 부활의 꽃이라고도 해요. 국화는 가을을 대표하는 꽃이에요. 서리가 내릴 때에도 꿋꿋하게 피어 있어, 절개와 지조를 뜻하지요. 또, 장수와 번영을 약속하는 꽃으로도 불려요. 매화는 추운 겨울을 견디고 잎보다 꽃을 먼저 피우는 사랑의 꽃이래요. 그리고 '꽃 중의 꽃'이라고 불리는 모란은 왕을 뜻하며 평안과 부귀를 기원하는 꽃이지요.

어디선가 바람이 솔솔 불어왔어. 그런데 바람에서 향기가 나네. 매화 향기, 연꽃 향기, 모란 향기, 국화 향기가 그윽하게 날아들었어. 향기를 따라가니…… 와, 어쩜 그렇게 꽃이 송이송이 피어 있는지 정말 깜짝 놀랐단다. 나는 아이들을 사랑한다는 뜻으로 매화 꽃을 꺾어 한 송이씩 주었어.

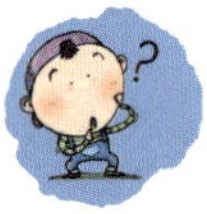

매화꽃을 받은 아이들은 맘대로 선생님께 병풍을 만들어 드리기로 했어요. 네 폭 병풍 틀을 만든 다음 거기에 매화, 연꽃, 모란, 국화를 그려 꾸미기로 했지요. 청자에서 네 가지 꽃을 찾아 병풍을 완성해 보세요.

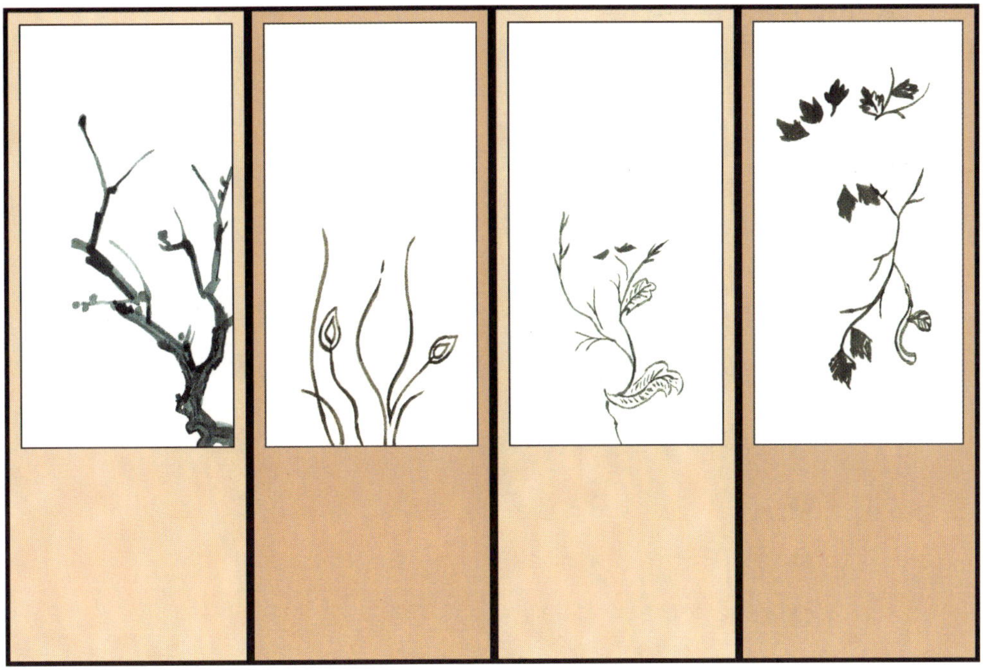

고려 청자를 장식한 동물에는 무엇이 있나요?

사자는 위엄과 용맹을 뜻하며 성스러운 곳을 지키는 수호신으로 등장해요. 사자가 백 가지 짐승 중에서 으뜸인 것처럼 불법(불교에서 가르치는 부처의 규율)이 모든 법 중에 가장 높은 법이라는 걸 상징하지요. 물고기는 생명과 건강을 뜻하며 원앙은 부부 또는 임금과 신하 사이의 화합을 뜻해요. 기린은 세상이 평화로울 때 나타난다는 상상의 동물이에요. 사슴 모양의 몸에 이리 이마, 소 꼬리, 말발굽, 외뿔이 있어요. 또, 원숭이는 재주 많고 총명한 밤의 신이죠. 어미 원숭이와 새끼 원숭이가 같이 있으면 승진을 기원하는 것이라고 해요. 마지막으로 거북이는 장수를 뜻해요. 하늘처럼 둥근 등껍질과 땅처럼 편편한 배가 마치 우주와 같다고 하지요. 그래서 거북이는 하늘과 인간을 연결하는 동물이기도 해요.

2 내 짝을 찾아 줘

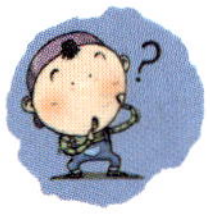

국가의 보물로 지정된 청자들을 모두 불러 모았어요. 다음 청자들을 전시관에서 찾아보고, 각각 국보 제 몇 호인지 빈 칸을 채워 볼까요?

❶ 청자 사자 장식 뚜껑향로: 국보 제 ___호

❷ 청자 상감 모란무늬 항아리: 국보 제 ___호

❸ 모란넝쿨무늬 조롱박 모양 주전자: 국보 제 ___호

❹ 사람 모양 주전자: 국보 제 ___호

❺ 어룡 모양 주전자: 국보 제 ___호

❻ 국화넝쿨무늬 완: 국보 제 ___호

❼ 연꽃넝쿨무늬 매병: 국보 제 ___호

❽ 칠보무늬 향로: 국보 제 ___호

"선생님, 배고파요!"

한참 돌아다녔더니 어지간히 배가 고픈 모양이야. 아이들이 풍덩풍덩 물 속으로 뛰어들어 고기를 잡지 않겠어. 나도 따라 들어가 손으로 물고기를 낚아챘지. 맘대로 새도 부리로 물고기를 콕콕 찍어 올렸어. 우린 불을 피우고 물고기를 구워 실컷 배를 채웠단다.

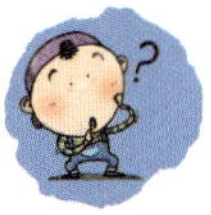

배부르게 먹고 나니 과일이 먹고 싶어졌어요. 빠알간 씨앗이 가득 담긴 새콤한 맛의 과일이 있는 도자기를 찾아서 그 이름을 써 보세요.(귀띔: 고려 청자 전시물)

정답 ❶ 60 ❷ 98 ❸ 116 ❹ 167 ❺ 61 ❻ 115 ❼ 97 ❽ 95 / 석류무늬 주전자

배가 든든해진 우리는 헤엄 잘 치기로 소문난 원앙을 따라 수영 연습을 했어. 그런데 수영을 하던 원앙이 깃털을 다듬는가 싶더니 갑자기 하늘 높이 날아 오르는 거야. 우리도 맘대로 새의 등을 타고 원앙을 따라 날아갔어.

원앙은 도철이, 사자, 기린과 함께 '청자 꽃 모양 잔'을 들고 어디론가 바삐 가고 있었어. 대체 어딜 가는 거지? 아하! 벽에 붙어 있는 포스터에 해답이 있었어.

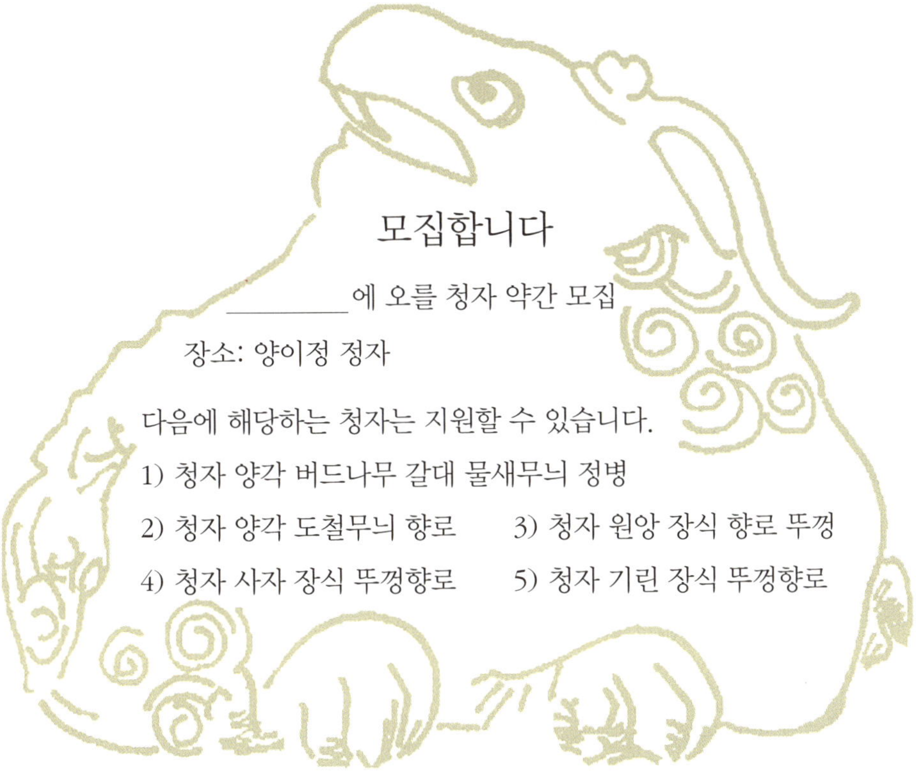

모집합니다

________에 오를 청자 약간 모집

장소: 양이정 정자

다음에 해당하는 청자는 지원할 수 있습니다.

1) 청자 양각 버드나무 갈대 물새무늬 정병

2) 청자 양각 도철무늬 향로

3) 청자 원앙 장식 향로 뚜껑

4) 청자 사자 장식 뚜껑향로

5) 청자 기린 장식 뚜껑향로

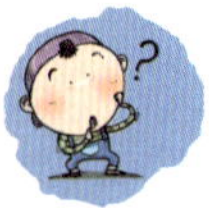

1. 위의 다섯 가지 청자를 전시실에서 찾아보세요. 밑줄 친 빈 칸에 들어갈 알맞은 말은 무엇일까요?

❶ 회갑상 ❷ 돌상 ❸ 혼례상 ❹ 제사상

정답 ❹

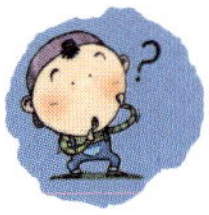

2. 청자에는 국보로 지정된 것들이 있어요. 만약 여러분이 국보를 정해야 한다면 어떤 기준으로 선정할 것인지 그 기준을 세 가지만 세워 보세요.

❶ ____________________

❷ ____________________

❸ ____________________

청자가 비색이라고요?

'비색' 은 푸른빛이 도는 신비로운 색이에요. 중국의 청자 색깔과 구별하기 위해서 이렇게 불렀다고 해요. 송나라 사신 서긍은 『고려도경』(고려의 진귀한 것들을 조사하고 쓴 보고서)에서 '고려인들은 청자의 푸른 빛깔을 비색이라 부른다' 며 그 아름다움을 크게 칭찬했어요. 또, 송나라 학자 태평노인은 『유중금』이라는 책에 '고려의 비색이 천하 제일' 이라고 했지요.

청자에는 어떤 방법으로 무늬를 넣었을까요?

청자는 무늬가 없는 것보다 무늬가 있는 것이 더 많아요. 처음에는 무늬가 없는 순청자를 만들다가 차츰 무늬를 넣기 시작했어요. 어떤 무늬를 넣느냐에 따라 청자의 이름도 달라지지요. 조각칼로 새긴 뒤 흰 흙과 붉은 흙을 메워 넣는 기법을 쓰면 상감청자라고 하고 붓으로 그림을 그리면 화청자, 점을 찍으면 퇴화청자라고 하지요.

네 개의 향로에서 피어오른 향이 우리를 휘감았어. 그러더니, 신기하게도 몸이 두둥실 떠오르기 시작했어.

하늘나라에 오르자, 사람들이 구름을 타고 어디론가 바삐 가고 있어. 어디 가냐고 물으니, 새들의 공중 묘기를 보러 간대.

"선생님, 우리도 보러 가요."

그런데 초대장이 있어야 갈 수 있나 봐.

"초대장을 받으려면 구름 승차권에 구름을 두 가지 그려 와야 해요!"

어떤 아주머니가 가르쳐 주셨어.

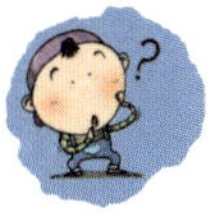

구름 승차권에 이름과 시간을 쓰고 고려 청자에 표현된 구름을 두 가지 그려 넣어 주세요.

구름 승차권

이름: (어른/어린이)

목적지: 하늘나라 대강당

출발 시간: 년 월 일 시(오전/오후)

도착 시간: 년 월 일 시(오전/오후)

드디어 초대장을 받았어. 한번 볼래?

초대장

하늘나라 대강당에서 열리는 새들의 공중 묘기에
당신을 초대합니다.

언제: 고려 청자에 꽃 향기가 만발할 때
어디서: 폭신한 구름 위에서
누가: 하늘에 오른 청자의 새들과 용

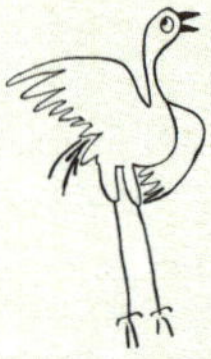

제1부 학의 묘기

땅 위에서의 멋진 묘기
공중 날기

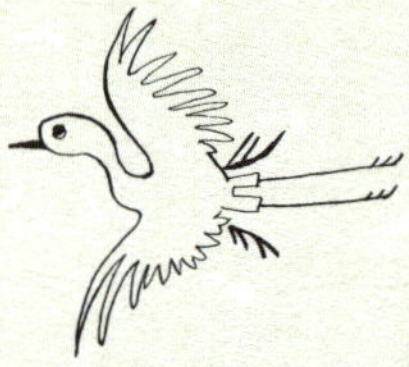

제2부 구름 속의 봉황과 기린

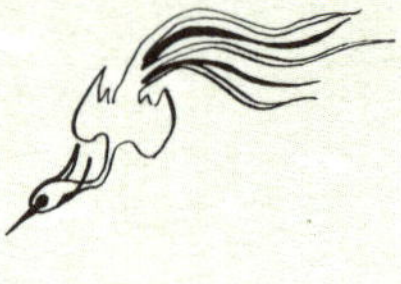

봉황 꼬리 날개 펼치기
기린의 우아한 자태
여러 가지 구름

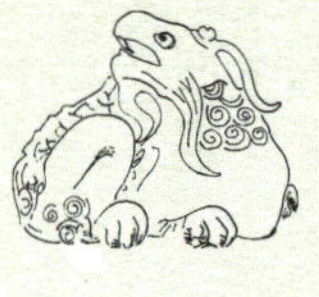

제3부 앵무새 훈련시키기

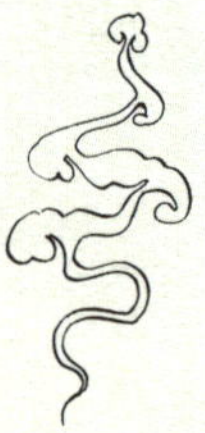

앵무새 날아오르기
'앵무새 흉내내기' 경연대회

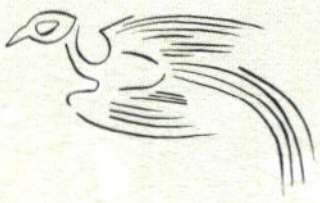

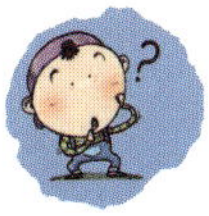

앵무새가 나는 모습을 상상하고 흉내내어 보세요.

3 상감청자 납시오

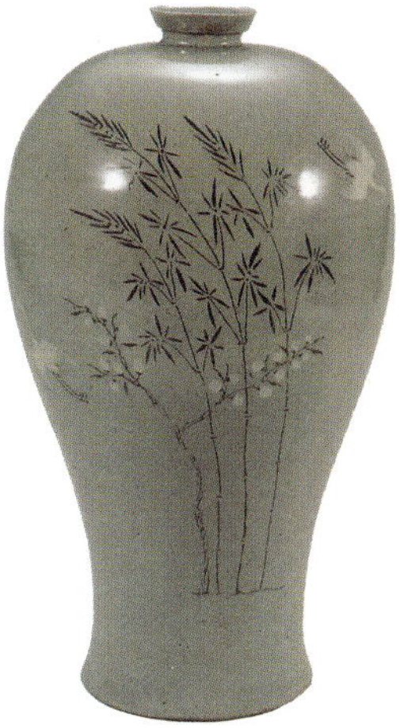

청자 상감 대나무 새무늬 매병
©국립중앙박물관

상감청자는 어떻게 만들어지나요? 그릇이 완전히 마르고 나면 무늬를 파내고 그 곳에 흰 흙이나 붉은 흙을 펴 발라요. 파낸 곳에 다른 색의 흙이 메워지겠죠? 그 다음 덧발랐던 흙을 긁어내고 초벌구이를 해요. 가마에서 꺼내어 유약을 바른 뒤 다시 구우면 완성되지요. 그러면 흰 흙은 흰색으로 붉은 흙은 검은색으로 나타나지요. 이렇게 그릇 표면에 무늬를 파고 그 안에 다른 색의 흙을 메워 구워 내는 방법을 상감 기법이라고 해요. 상감 기법은 청동으로 만든 그릇에 은이나 금을 박아 넣은 은(금)입사 기법을 도자기에 활용한 거예요. 도자기에 이러한 기법을 쓴 것은 고려가 최초였어요. 도자기 만드는 기술에서는 고려가 다른 어떤 나라보다 뛰어났다는 것을 알 수 있지요.

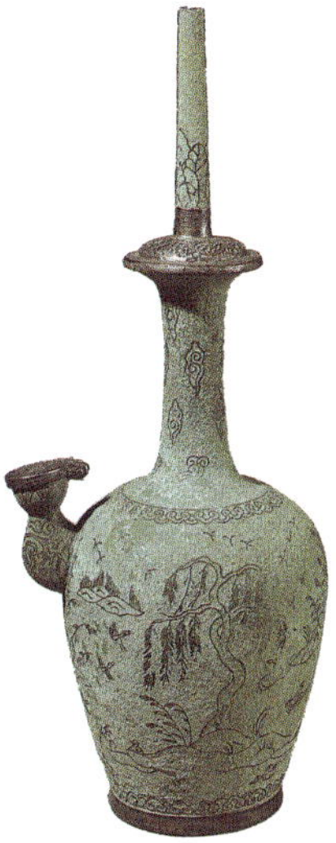

청동 은입사 물가풍경무늬 정병 ©국립중앙박물관

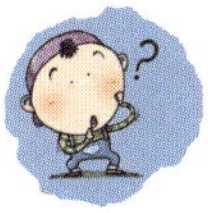

청동 은입사 물가풍경무늬 정병과 같은 모양의 청자를 찾아 이름을 써 보세요.

정답 청자 양각 포류수금무늬 정병

상감청자 만드는 법

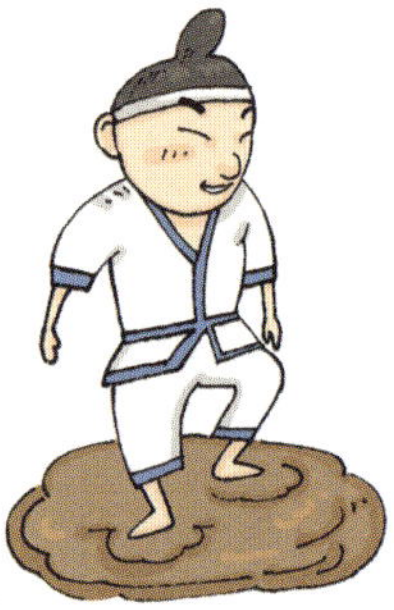

흙 반죽하기

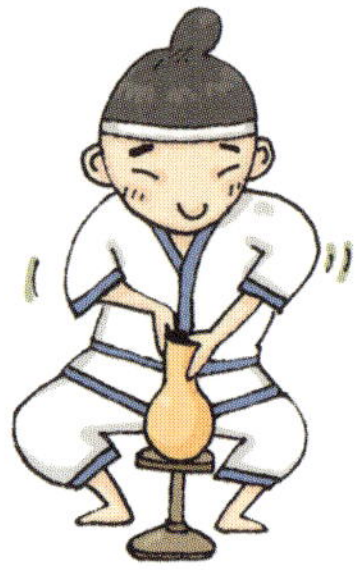

물레로 모양 만들기

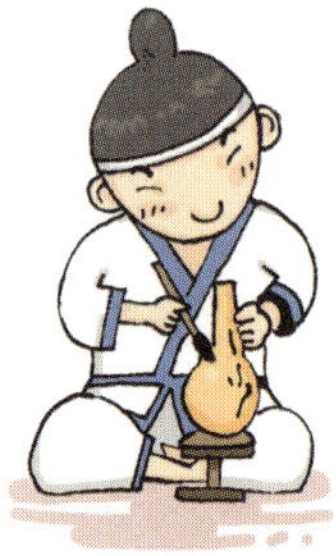

무늬 그리기

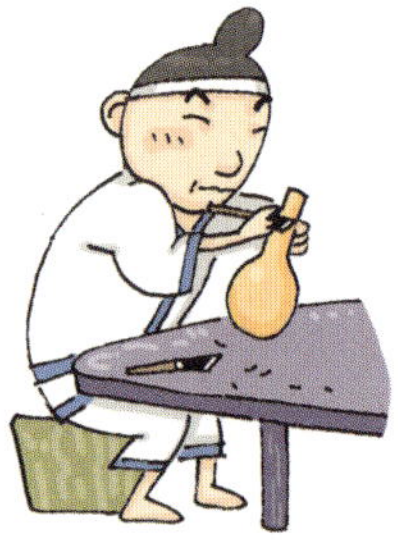

무늬 새기기

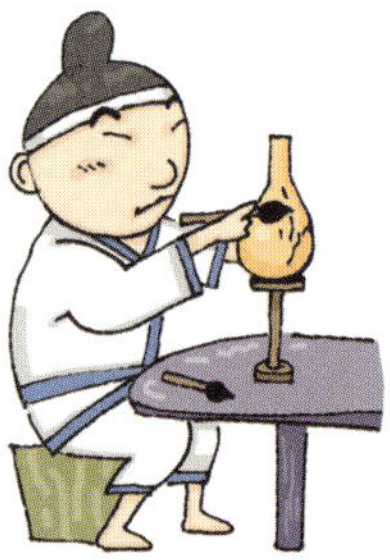

흰 흙, 붉은 흙 채워 넣고
덧칠 흙 긁어 내기

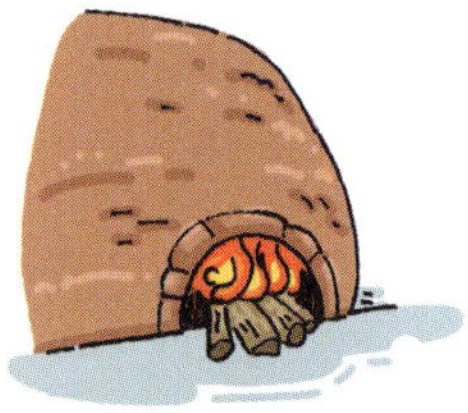

가마에서 굽기

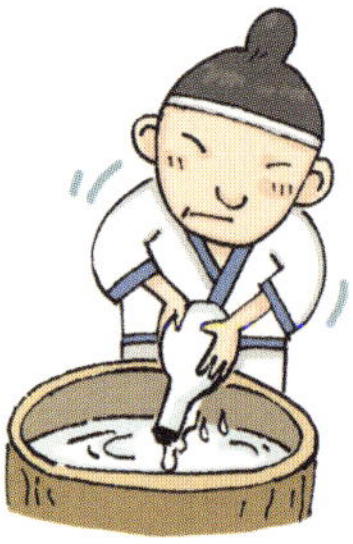

유약 바르기

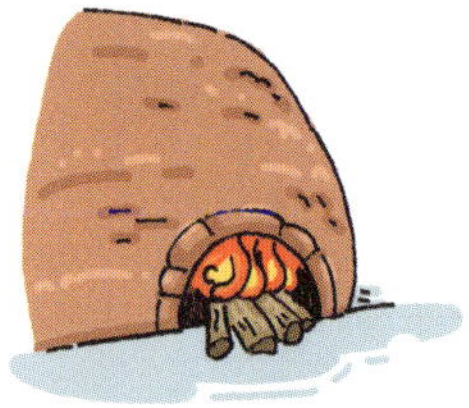

가마에서 한 번 더 굽기

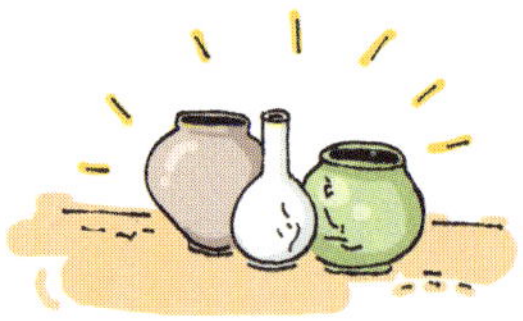

완성

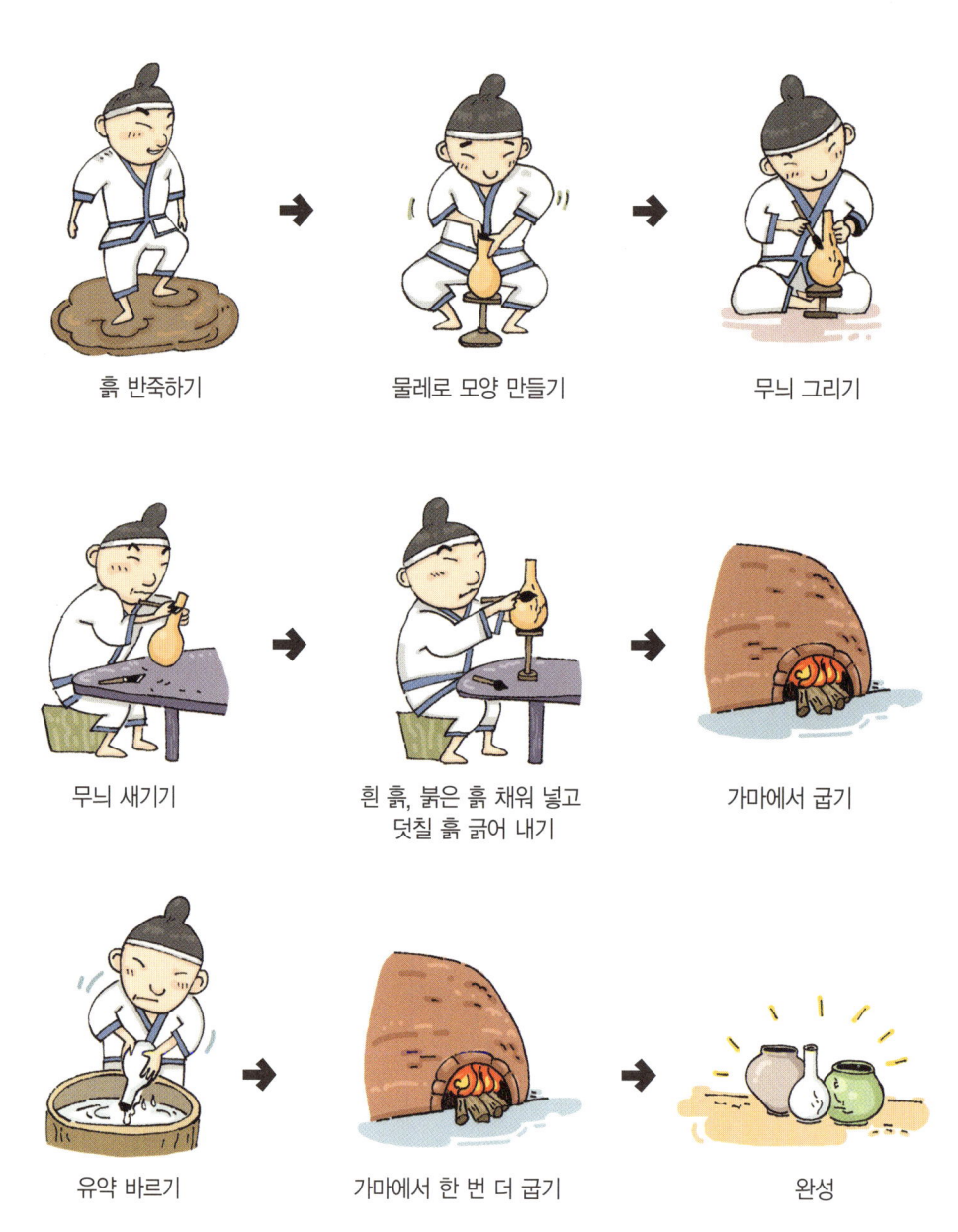

청자의 무늬를 만드는 방법에는 또 어떤 것이 있나요?

초벌구이를 한 다음 유약을 입히기 전에 무늬를 새기는 철화와 동화, 그리고 유약을 입히고 나서 무늬를 넣는 금채 등의 방법이 있어요.

철화청자는 철분이 많은 자주색 흙을 물에 개어 무늬를 그린 다음 청자 유약을 입혀서 구워요. 그러면 흙의 철분이 산소와 만나 짙은 갈색을 띠지요.

동화청자는 물이나 기름에 잘 녹지 않는 산화동이라는 붉은색 물감을 이용한 청자예요. 대개는 꼭 필요한 곳에 조금씩만 썼다고 해요. 꽃잎 끝이나 여의주, 포도송이, 새의 눈 같은 곳에 조금씩 칠했지요.

퇴화청자는 흰색이나 붉은색의 흙으로 점을 찍거나 무늬를 그린 그릇인데, 작은 점이 줄지어 찍혀 있는 무늬가 많아요.

금채청자는 상감청자에 유약을 바른 다음 금박 가루를 아교에 개어 붙인 그릇을 말하지요.

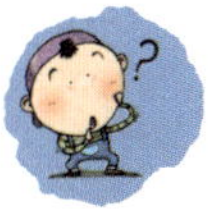

다음을 읽고 괄호 안에 맞으면 ○, 틀리면 ×를 써 넣으세요.

❶ 유약을 입히기 전에 무늬나 그림을 그리는 것을 '화' 라고 한다. ( )

❷ 유약을 입히고 나서 무늬나 그림을 그리는 것을 '채' 라고 한다. ( )

❸ 동화청자는 황갈색이 난다. ( )

❹ 철화청자는 포도송이나 여의주 등을 장식하는 데 썼다. ( )

청자는 모두 비색인가요?

꼭 그런 건 아니에요. 전혀 다른 색의 청자도 있어요.

처음부터 비색을 낼 수 있었던 건 아니에요. 유약의 색이 갈색을 띠거나,

정답 ❶ ○ ❷ ○ ❸ × ❹ ×

고루 발라지지 않아 얼룩이 지기도 했지요. 하지만 열심히 연구하고 노력한 결과 중국 도자기보다 훨씬 아름다운 비색을 낼 수 있게 되었죠.

어떤 그릇들을 만들어 썼나요?

완, 대접, 합, 주전자, 병, 기와, 연적, 베개, 장구…… 별의별 게 다 있어요. 완이나 대접은 차를 마실 때 썼다고 해요. 이렇게 큰 그릇에 차를 마셨다니 정말 신기해요. 뚜껑 있는 합은 따뜻한 음식을 담을 때 썼어요. 주전자나 정병에는 물을 담아 중요한 의식을 치를 때 썼고, 목이 가늘고 길쭉한 병에는 주로 술을 담았어요. 여인들이 치장할 때 썼던 기름이나 분을 넣어 두던 기름병과 합도 볼 수 있어요.

어디에서 청자를 만들었을까요?

청자는 왕실에서 주문 생산했어요. 그래서 완성된 청자를 왕실까지 실어 나를 수 있도록 바닷길이 가까운 곳에 가마터를 만들어야 했어요. 또 불을 땔 나무와 좋은 흙이 많이 나는 곳이어야 했지요. 그래서 부안과 강진에 가마터를 만들었답니다. 고려 왕실은 부안과 강진 외의 다른 곳에서는 청자를 만들지 못하게 했어요.

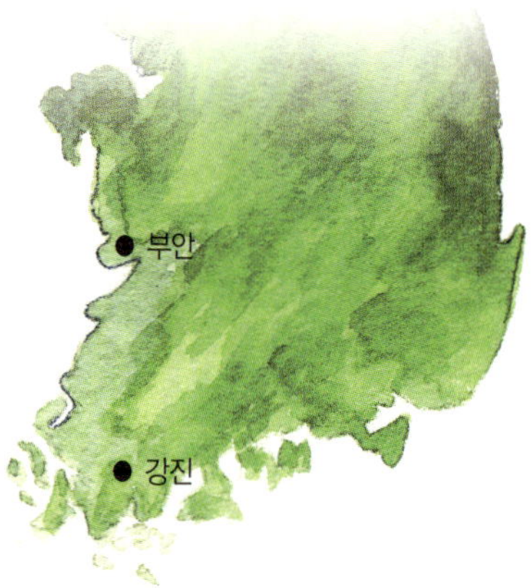

누가 청자를 만들었나요?

청자를 만들 때는 500여 명이나 되는 사람들이 함께 일했어요. 모두 한 가지 일을 수십 년 동안 반복해서 했기 때문에 각자의 분야에 뛰어난 기술을 지니고 있었어요. 알맞은 흙을 찾아 내는 일부터, 완성된 도자기를 쓸 것인지

망치로 깨뜨려 버릴 것인지 골라 내는 일까지 도자기 만드는 일은 아주 세분화되어 있었지요. 청자 만드는 일은 군대를 가는 것처럼 의무였기 때문에, 도공들은 농사도 제쳐두고 일을 해야 할 때가 많았어요.

고려 시대에는 청자만 있었나요?

그렇지 않아요. 고려 시대를 대표하는 것은 청자이지만, 백자나 철유자기도 생산됐어요. 고려의 백자는 부드러운 흙으로 그릇을 빚고 흰 눈 같은 유약이나 우윳빛이 감도는 유약을 발랐어요. 하지만 유약과 바탕흙이 잘 붙지 않아 유약이 떨어져 나간 곳이 많아요. 조선 시대 백자보다는 단단하지 못했지요.

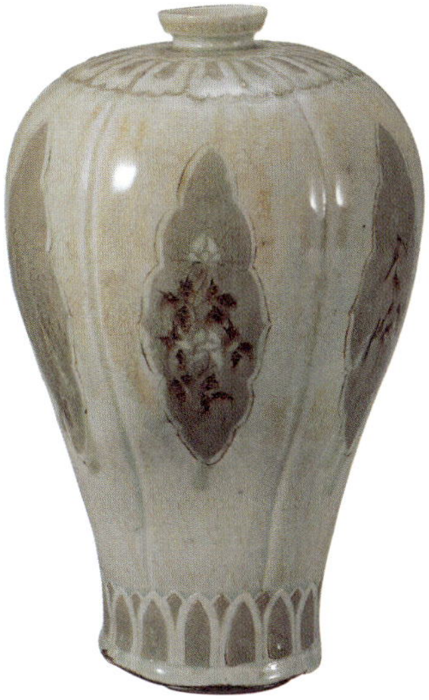

백자 상감 모란 버드나무 갈대무늬 병
©국립중앙박물관

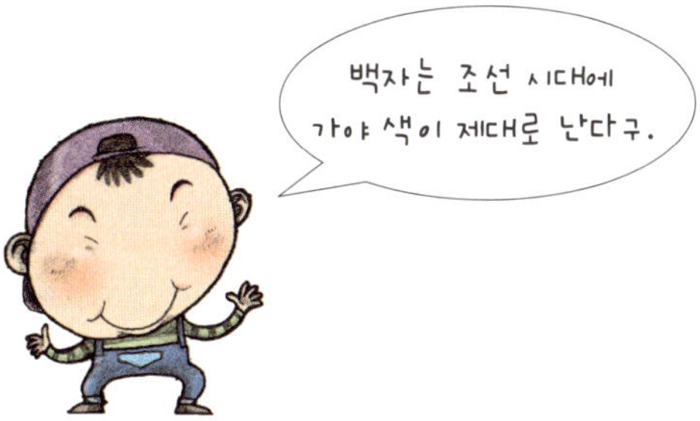

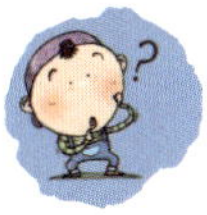

백자 상감 모란 버드나무 갈대무늬 병은 보물로 지정된 도자기예요. 모양도 찌그러진 이 도자기가 왜 보물로 지정되었을까요?

정답 고려 시대에 청자만 만들다가 처음으로 만든 귀한 백자이기 때문에

go go! 7

경중경중 분청사기

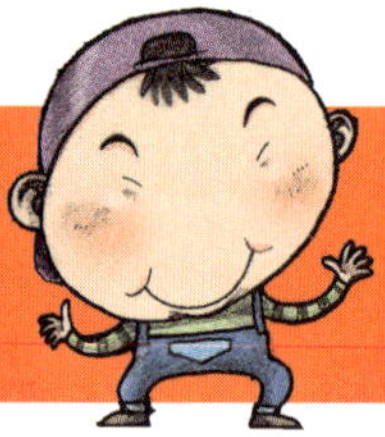

우리는 허둥지둥 짐을 쌌어. 바다 건너 왜구들이 쳐들어왔거든.

"자, 어서 피하자!"

나는 아이들을 데리고 피난길에 올랐어. 아홉 명의 아이들을 데리고 먼 길을 떠나려니 흥부네가 따로 없지 뭐야.

우리는 산 속으로 숨었어. 거기서 얼마간 지내려고 흙을 모아 집을 지었단다. 그런데 아이들은 벽이 울퉁불퉁하다며 흙으로 지은 집을 마음에 들어 하지 않았어. 궁리 끝에 우리는 벽면에 분을 발랐어. 분청사기 곱단이처럼 말이야.

1 청자도 아닌 것이, 백자도 아닌 것이

도자기에 분을 발랐다구요?

분청사기는 청자나 백자처럼 매끈하지 않고 거칠어요. 청자의 맑은 비색이나 백자의 깨끗함하고는 거리가 멀지요. 그래서 분청사기를 만드는 사람들은 어떻게 하면 지저분한 색과 결을 없앨 수 있을까 고민하다가 흰색 흙을 그릇 표면에 바르기 시작했어요. 그렇게 만들어진 것이 바로 '청자에 분을 바른 그릇' 즉 '분장회청사기' 이지요. 그것을 줄여 '분청사기' 라고 해요. 분청사기는 고려 시대 끝 무렵부터 조선 시대로 넘어오는 200여 년 동안 만들어졌어요.

자기와 사기는 어떻게 다른가요?

자기는 유약에 따라 색깔이 달라져요. 푸른색은 청자, 흰색은 백자, 검은 갈색은 철유자기라고 부르지요.

하지만 사기는 색이 없는 투명한 유약을 발라 구운 도자기예요. 분청사기는 회색을 내는 흙으로 그릇을 빚은 다음 그 위에 흰색을 내는 흙을 덧바르고 무늬를 새겨요. 그리고 투명한 유약을 발라 구우면 완성되지요.

분청사기를 왜 만들게 되었나요?

바닷가 마을에 왜구들이 자주 침입하자 나라에서는 바닷가에서 20킬로미터 이상 떨어진 곳으로 모두 이사하라는 명령을 내렸어요. 바닷가 근처의 가마터도 산 속으로 옮기고, 도자기 장인들도 전국의 산 속으로 흩어졌지요. 산에서 난 흙은 바닷가의 흙보다 질이 떨어져 좋은 도자기가 나올 수 없었어요. 표면도 거칠고 색도 제대로 안 나왔지요. 생각 끝에 도자기 장인들은 무늬를 새긴 다음 흰색 흙을 도자기 전체에 발랐던 거예요.

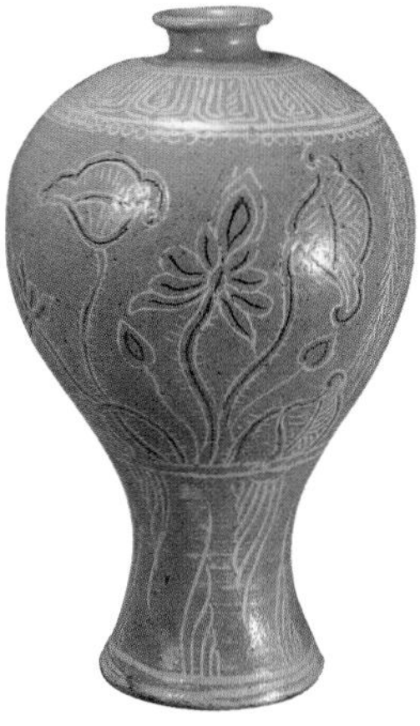

분청사기 상감 연꽃 버드나무무늬 매병

분청사기가 처음 나왔을 때는?

분청사기가 처음 나왔을 때는 모양이 청자와 거의 비슷했어요. 무늬를 넣을 때도 상감기법을 썼어요. 선을 깊이 판 다음에 다른 흙을 메워 넣는 선상감뿐만 아니라 면을 넓게 판 면상감을 쓰기도 했어요. 그래서 고려 시대의 상감청자와 조선 시대의 분청상감은 구분하기가 매우 어렵답니다.

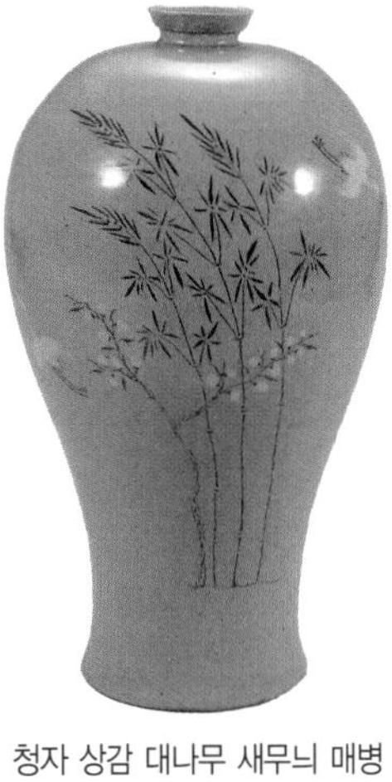

청자 상감 대나무 새무늬 매병

2 소박하고 시원스런 분청사기 무늬들

곱게 분을 바르고 꼼꼼히 새기고

무늬를 새기는 방법은 네 가지가 있어요. 무늬를 새긴 뒤 흰색이나 붉은색의 흙을 메워 유약을 바르고 구워 내는 상감 기법, 무늬를 새긴 뒤 흰색 흙을 전체에 바르고 무늬가 없는 부분의 흙을 모두 긁어 내는 박지 기법, 반대로 흰색 흙을 바르고 무늬를 선으로 긁어 내는 조화 기법, 흰색 흙을 바르고 검붉은색의 철화물감으로 무늬를 그리는 철화 기법이 있지요.

꾹꾹 찍고 쓱쓱 칠하고

꾹꾹 찍고 쓱쓱 칠하여 만든 무늬에는 인화 기법과 귀얄 기법이 있어요.

인화 기법은 무늬가 새겨진 도장을 찍은 다음 흰색 흙을 칠하여 무늬 속으로 흙이 들어가게 하는 방법이에요. 같은 무늬를 반복해 찍기 때문에 만들기가 훨씬 쉬웠어요. 무늬만 찍은 것이 아니라 어디서 만들었는지를 나타내는 글자도 찍었어요. 글자가 찍힌 무늬를 명문이라고 하지요. 그릇을 훔쳐갈까 봐 이름을 표시해 놓은 관청용 그릇도 있고, 그릇의 질을 보장하기 위해 생산지와 사기장(사기를 만들던 장인)의 이름을 찍어 놓은 그릇도 있어요.

귀얄 기법은 귀얄이라는 붓으로 흰색 흙을 그릇 겉면에 쓱쓱 칠해 만드는 방법이에요. 붓질을 천천히 꼼꼼히 하기보다는 단숨에 쓱쓱 칠하여 속도감을 느끼게 하는 작품들이 많아요.

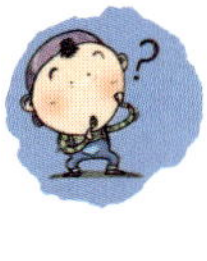

인화 기법에 쓰인 무늬로 가장 많은 것은 무엇인가요?

❶ 원무늬 ❷ 점무늬 ❸ 국화무늬 ❹ 돗자리무늬

정답 ❸

덤벙 담그고

흰색의 흙을 푼 물에 그릇을 덤벙 담갔다가 꺼내어 만드는 기법을 덤벙 기법이라고 해요. 그릇의 굽을 잡고 거꾸로 물에 담가 유약을 매우 두껍게 입히는 방법이지요. 그릇을 바로 세웠을 때 유약이 흘러내리는 자연스런 멋이 보기 좋아요. 덤벙 기법으로 만든 분청사기는 백자와 같은 흰색을 띠었어요.

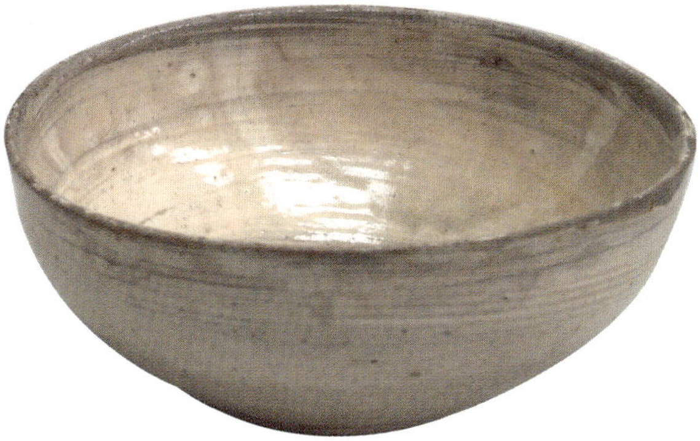

분청사기 덤벙무늬 대접

3 배가 납작한 편병

대부분의 도자기는 배가 볼록하게 생겼어요. 그런데 분청사기 중에는 배가 납작한 도자기가 있답니다. 이런 도자기들을 편병이라고 해요. 편병은 동그란 모양의 도자기보다 들고 다니기가 훨씬 편했어요. 편병은 앞뒤 좌우 면을 나누어 그림을 그린 것이 특이해요. 꽃무늬로는 주로 연꽃이나 모란을 그렸고, 동물무늬로는 물고기를 많이 그렸어요.

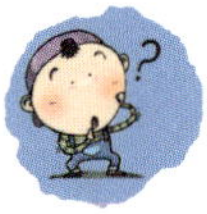

분청사기 편병에 그려진 무늬를 잘 보고, 가장 마음에 드는 것을 골라 따라 그려 보세요.

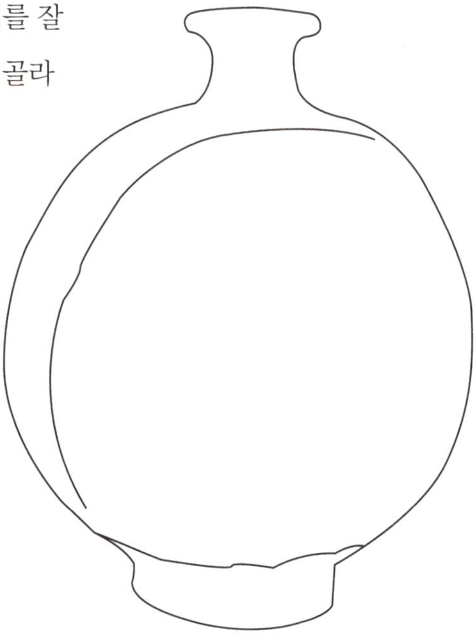

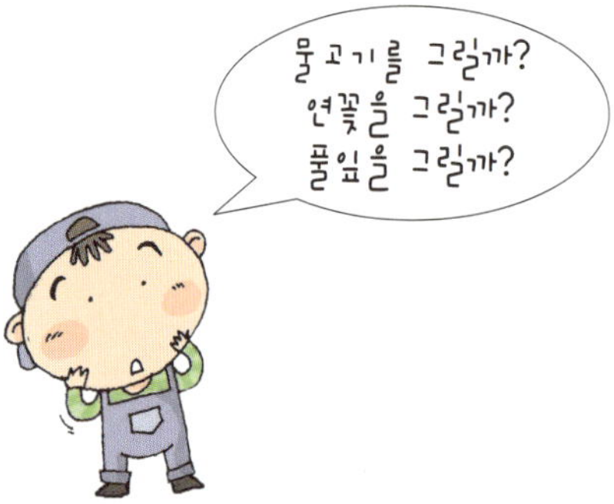

물고기를 그릴까?
연꽃을 그릴까?
풀잎을 그릴까?

편병과 장군은 어떻게 다른가요?

편병과 장군은 모두 아가리가 크고 목이 비교적 짧으며 굽이 있다는 공통점이 있어요. 그런데, 편병은 배가 납작하지만, 장군은 볼록한 배가 베개처럼 옆으로 길쭉해요. 또 다른 점이 있어요. 편병은 좌우 양쪽에 무늬가 있지만 장군은 한쪽에만 무늬가 있는 것들이 많아요.

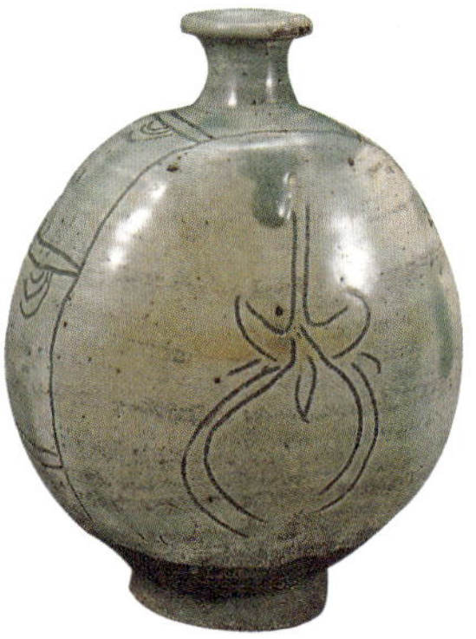

분청사기 조화 꽃무늬 편병
©국립중앙박물관

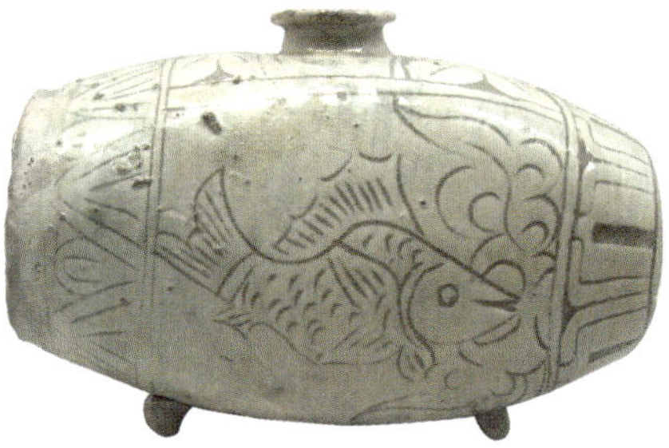

분청사기 박지조화 물고기무늬 장군

분청사기에는 어떤 무늬가 있나요?

식물무늬로는 버드나무, 연꽃, 모란, 국화가 있고, 동물무늬로는 물고기, 용, 새가 있어요. 또 점, 원, 구름 같은 추상적인 무늬도 있어요.

버드나무, 연꽃무늬는 상감 기법으로 많이 나타나요. 국화무늬, 원이나 점무늬는 인화 기법으로 많이 나타나지요. 모란이나 물고기무늬는 박지 기법이나 조화 기법에, 그리고 덩굴이나 풀잎무늬는 철화 기법에 많이 보이지요.

분청사기는 왜 갑자기 사라졌을까요?

분청사기를 쓸 사람이 없어졌기 때문이에요. 왕실과 중앙 관청에서는 경기도 광주에 가마를 만들고 백자를 생산하게 했어요. 그래서 주로 지방 관아나 서민들이 분청사기를 쓰게 되었지만 아무래도 관청의 백자보다는 질이 떨어졌지요. 점점 분청사기를 찾는 사람들이 줄어들자 더 이상 만들지 않았어요. 대신 백자를 많이 만들게 되었죠.

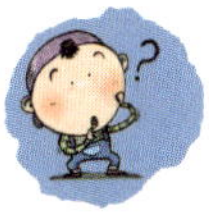

다음 문제를 읽고 알맞은 말을 골라 동그라미를 하세요.

분청사기 중 가장 먼저 만들어진 그릇은 (고려 청자, 조선 백자)를 닮았어요. 또, 가장 늦게 만들어진 그릇은 (고려 청자, 조선 백자)와 비슷해요. 도자기의 모양과 무늬는 시대에 따라 서서히 변해 간다는 것을 알 수 있어요.

정답 고려 청자, 조선 백자

go go! 8

덩실덩실 백자

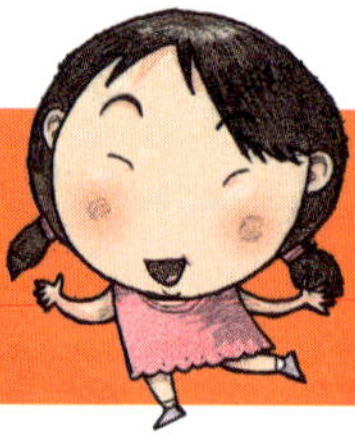

봉수대에 다섯 개의 연기가 피어올랐어. 임진왜란이 터진 거야. 가족이 뿔뿔이 흩어지고, 많은 사람들이 죽고 다쳤지. 하양이네 아버지는 임진왜란 때 일본으로 끌려갔대. 하양이네 아버지는 백자를 잘 빚기로 소문난, 나라에 몇 안 되는 도자기 장인이었거든. 일본 사람들은 조선의 도자기 장인들을 강제로 끌고 가 도자기 빚는 기술을 전수 받았어. 하양이 아버지는 영영 우리 나라로 돌아오지 못했대.

고려와 조선의 백자는 달라요. 고려 시대의 백자는 우윳빛이 나고 단단하지도 않았지만, 조선 시대의 백자는 맑고 투명한 유약을 발라 색이 곱고 아주 단단했어요.

분청사기가 사라지고 백자가 나타난 걸 보면, 분청사기보다 백자를 더 좋아했다는 걸 알 수 있어요. 분청사기를 귀얄무늬나 덤벙무늬로 만든 것도 분청사기를 백자처럼 만들고 싶어했기 때문이지요.

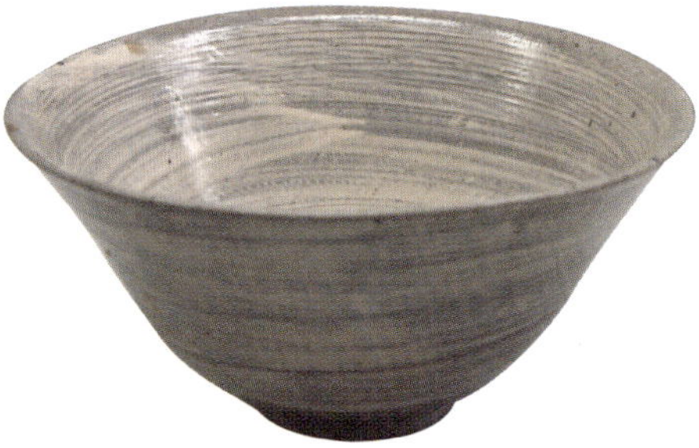

분청사기 귀얄무늬 대접

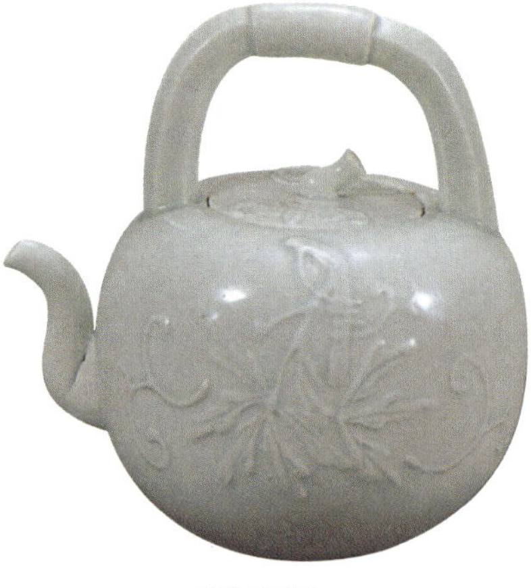

백자 주전자 ©국립중앙박물관

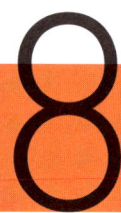

조선 시대에는 백자만 만들었을까요?

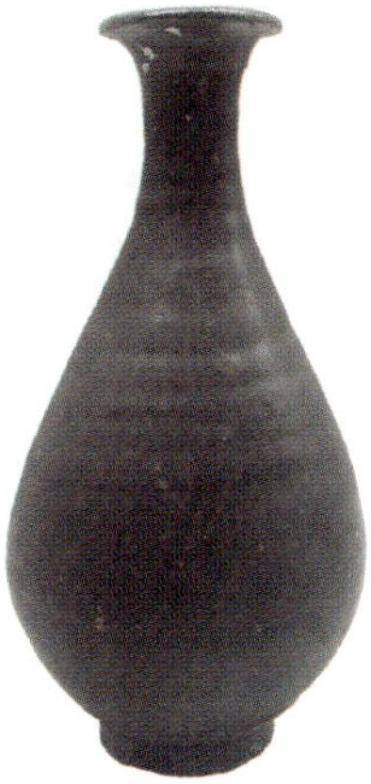
흑유병

조선 시대에 백자를 많이 만들기는 했지만 그렇다고 백자만 만들었던 것은 아니에요. 백자는 고령토라는 흙으로 만들지만, 철분이 많이 들어간 흙으로 만들면 색이 전혀 달라지지요. 검은 갈색이나 어두운 갈색을 띤 흑유자나 녹청색 유약을 입힌 청자도 있어요. 왕실에서는, 어른들은 백자를 쓰고 왕자나 공주는 청자나 청사기(푸른빛이 도는 백자)를 썼다고 해요.

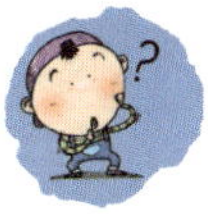
흑유병은 어떤 신분의 사람들이 많이 사용했을까요?

백자와 청자 중 어느 것이 더 단단할까요?

청자는 1200℃에서, 백자는 1300℃에서 구워요. 온도가 높아지면 그릇이 깨질 위험이 크지요. 따라서 높은 온도에서 구운 도자기가 낮은 온도에서 구운 도자기보다 흙의 성질이나 불의 기운, 그릇의 모양 같은 것을 더 많이 연구하여 만든 것이라고 볼 수 있어요. 그러니까 백자가 청자보다 더 발전된 기술로 만든 도자기예요. 물론 더 단단하기도 하지요.

백자에는 어떤 그릇들이 있나요?

백자를 주로 쓴 곳은 왕실과 중앙 관청이었어요. 사옹원이 필요한 그릇을 얼마나 만들 것인가를 결정하고, 사옹원에 딸린 직속 가마에서 백자를 생산했지요. 왕자와 공주의 탯줄을 묻어 두는 태항아리, 죽은 사람의 이름과 업적을 적어 무덤의 주인을 알리는 태지, 죽은 사람을 위로하며 무덤에 넣어 주었

정답 서민

던 작은 인형들이 있지요.

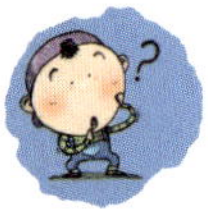

코끼리와 소 모양을 한 그릇을 찾아보세요. 이 그릇들은 종묘나 문묘(지금의 성균관 대학교 안에 있는 공자의 사당) 제사 때 쓰인 그릇이래요. 각각의 그릇에는 무엇을 담았을까요?

투각이 뭐예요?

투각은 그물처럼 안이 훤히 보이게 뚫어 파는 기법이에요. 투각은 청자에도 가끔 보여요. 항아리 전체를 투각으로 만든 조선 시대 백자 투각을 보면 기술이 매우 발전했다는 것을 알 수 있지요.

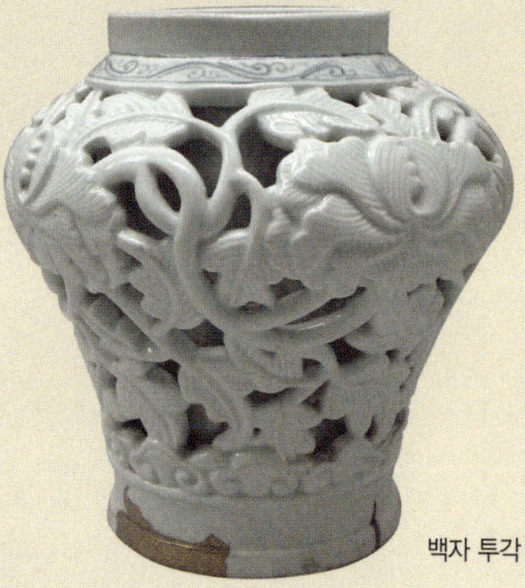

백자 투각 청화 모란 당초무늬 항아리

정답 코끼리 : 정화수와 단술, 소 : 정화수와 막걸리

백자는 어떤 색과 무늬로 꾸몄나요?

무늬가 없는 것은 순백자라고 하고, 무늬가 있는 것은 무늬의 색에 따라 이름을 불러요.

푸른색을 내는 코발트 물감으로 그린 것은 청화백자, 검붉은색을 내는 철 성분이 많이 들어간 물감으로 그린 것은 철화백자, 또 붉은색을 내는 구리 성분이 들어간 물감으로 그린 것은 동화백자라고 하지요.

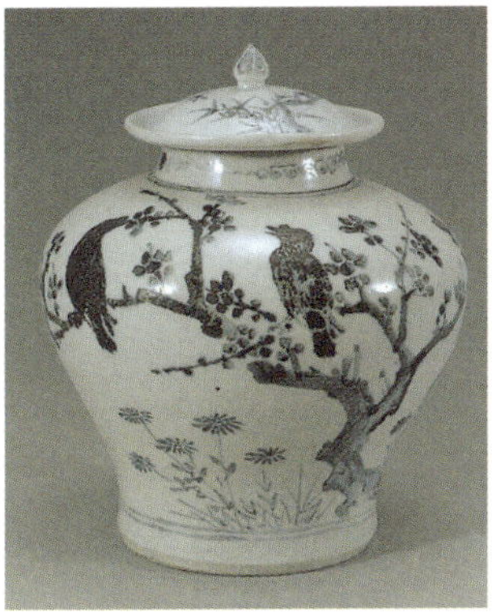
백자 청화 매화 새무늬 항아리

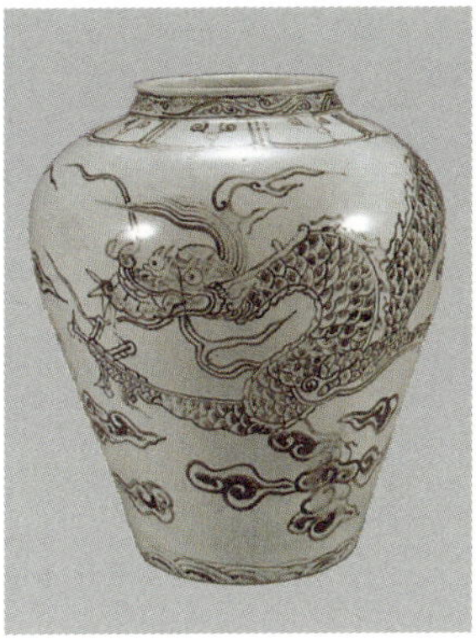
백자 철화 구름 용무늬 항아리

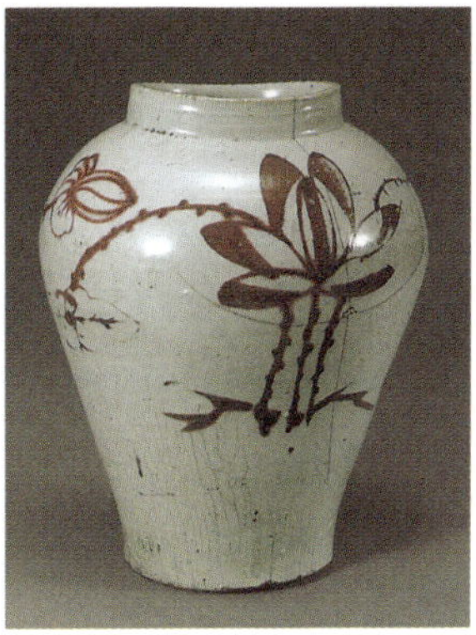
백자 동화 연꽃무늬 항아리

©국립중앙박물관

1 달구경 가자

백자 항아리 중에서 가장 유명한 항아리는 백자 달항아리예요. 달덩이처럼 둥근 모양 때문에 붙은 이름이지요. 다른 항아리보다 훨씬 큰 이 항아리는 한 번에 만들 수가 없었어요. 백자를 만드는 흙은 당기는 힘이 약해서, 커다란 그릇을 빚으면 금방 주저앉아 버리기 때문이지요. 그래서 항아리의 절반을 따로따로 빚은 다음 이어 붙

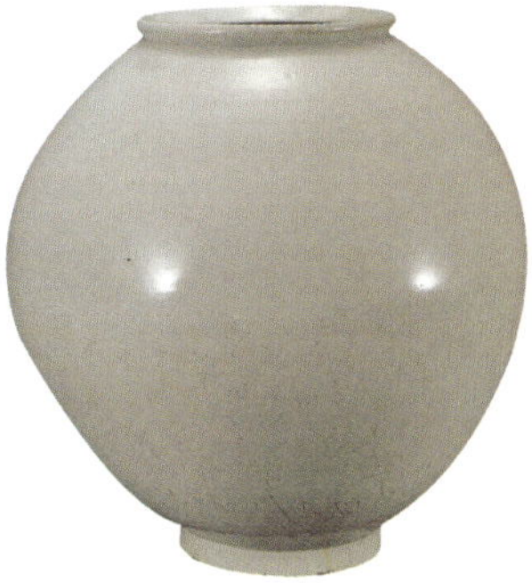
백자 달항아리 ©국립중앙박물관

여서 만들었어요. 백자 항아리의 배를 자세히 보세요. 좌우가 똑같지 않고 약간 기운 것이 보이나요?

달항아리를 보면, 달덩이같이 마음씨 넉넉하고 푸근한 사람을 대하는 듯한 편안한 느낌이 들어요.

2 비나이다 비나이다, 용왕님께 비나이다

용이나 봉황은 왕실에서만 쓰는 무늬였어요. 신하들이나 백성들은 쓸 수 없었지요. 용은 도자기뿐 아니라 왕실의 건물, 가구, 옷 등 여러 곳에서 왕을 상징하는 무늬로 쓰였어요.

물 속에 사는 용왕은 물을 다스리는 수신이에요. 농사를 짓거나 고기를 잡을 때 사람들은 용왕님께 보살펴 달라고 빌었지요. 비를 만드는 구름과 물의 흐름을 상상의 동물로 표현한 것이 바로 용이에요. 용은 하늘과 땅을 마음대로 오갈 수 있고, 뛰어난 힘을 가졌다고 믿었지요. 용이 왕을 상징하게 된 것도 그 때문이에요.

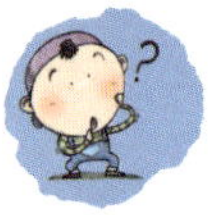

용이 하늘에서 놀다가 여의주를 잃어버렸어요. 용에게 어울리는 멋진 여의주를 도자기에 직접 그려 주세요.(귀띔: 조선 백자 전시물)

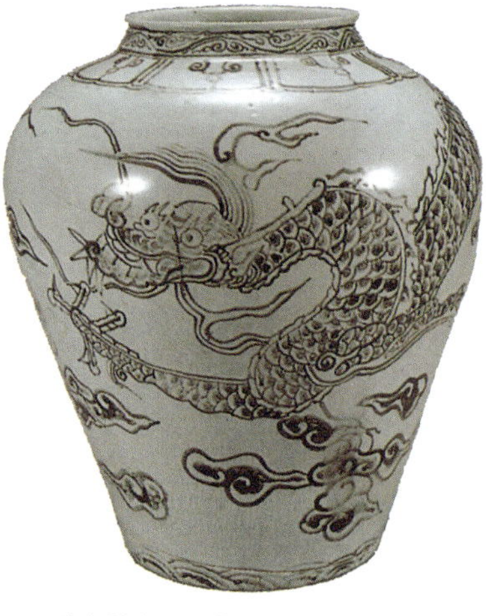

백자 철화 구름 용무늬 항아리 ©국립중앙박물관

천년만년 살기를 비나이다!

늙지도 죽지도 않고 건강하게 오래 살 수 있다면 얼마나 좋을까요? 오래 사는 열 가지를 뜻하는 십장생은 해, 물, 돌, 산, 구름, 소나무, 거북, 학, 사슴, 불로초를 말해요.

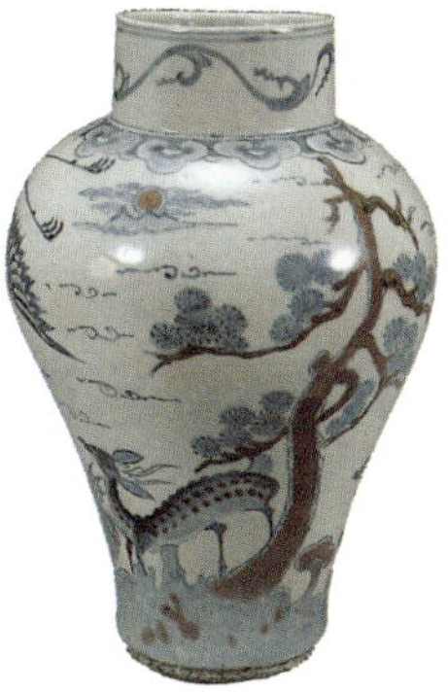

백자 청화 동채 장생무늬 항아리
ⓒ국립중앙박물관

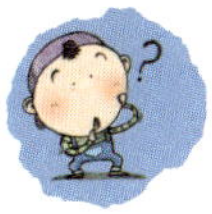

복숭아 연적을 찾아보세요. 빛깔이 참 곱지요? 여기 그려진 복숭아는 잘 익지 않았네요. 색칠해서 잘 익은 복숭아로 만들어 주세요.(귀띔: 조선 백자 전시물)

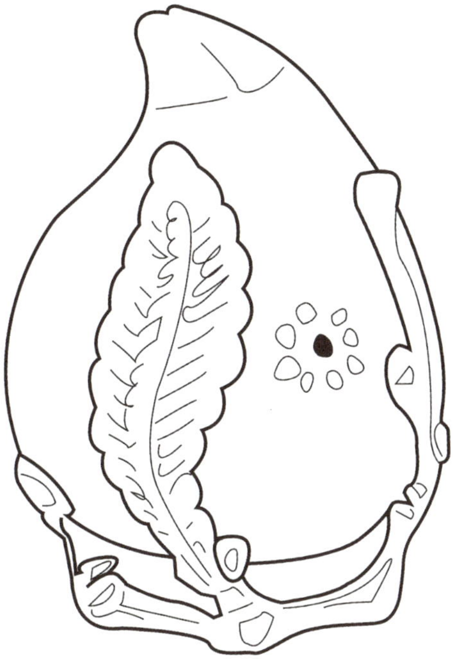

go go! 9

너의 정체를 밝혀라

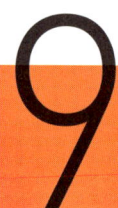

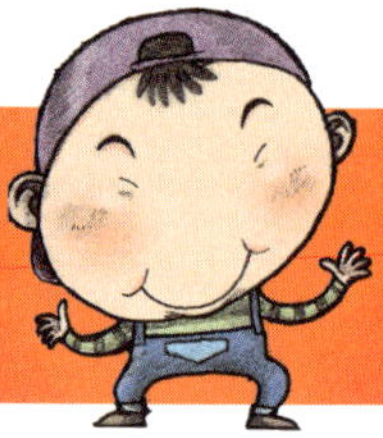

도자기들은 다 어디서 왔을까?

박물관에 전시된 도자기들은 무덤에서 나온 것들이 많아요. 모양이나 색깔이 변하지 않고 그대로 보존되어 있죠. 땅 속은 기온의 변화가 심하지 않으니까요. 이렇게 많은 유물을 전시하기 위해서 조상들의 무덤을 모두 파헤쳐 놓은 게 아니냐고요?

무덤에서 나온 유물들은 누가 파헤친 것일까요?

박물관이 세워지게 된 것은 일본 사람들이 우리 땅을 강제로 빼앗은 지 얼마 안 되었을 때였어요. 우리 문화재에 관심이 많았던 일본 사람들은 욕심을 부렸어요. 그래서 도굴꾼들은 무덤에서 문화재를 몰래 파내어 일본 사람들에게 팔았어요. 우리나라에서는 이런 문화재들을 되돌려 받기 위해서 일본 사람들에게 돈을 주고 살 수밖에 없었어요. 언제 어디서 발굴되었는지 알 수 없는 유물들은 대개 이런 도굴꾼들의 손을 거친 것들이지요.

중국과 일본은 우리와 어떤 교류를 했나요?

중국은 지금으로부터 약 1만 년 전부터 토기를 만들기 시작하여 유럽과 서남아시아에 많이 팔았어요. 서양 사람들은 중국을 도자기를 잘 만드는 나라로 기억하여, 나라 이름을 도자기라는 뜻의 '차이나(China)' 로 불렀어요.

우리는 중국에서 도자기 만드는 기술을 배워 왔지만, 청자의 경우 중국 것보다 훨씬 뛰어난 기술과 아름다움을 자랑하지요. 일본은 자신들이 도자기 만드는 기술이 매우 뒤떨어진 것을 알고, 우리 도공들을 붙잡아다가 강제로 만들게 했어요. 임진왜란 때 끌려간 이삼평, 심수관 같은 분들이 기술을 전수했지요.

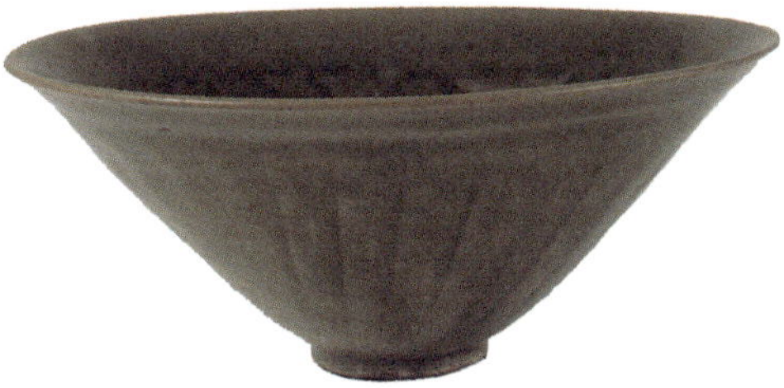

청자 양각 보상당초무늬 완(송)
©이화여자대학교 박물관

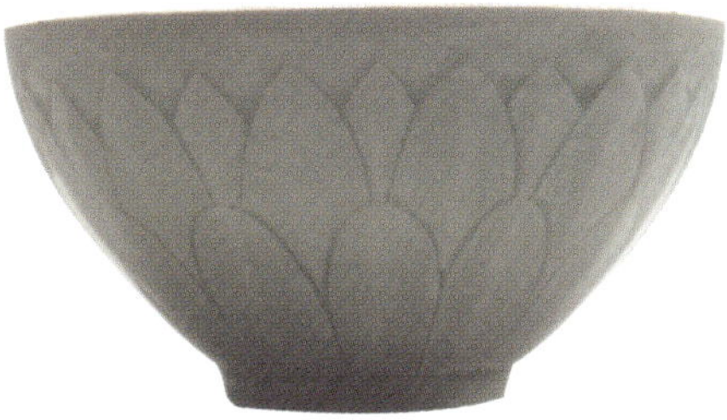

청자 양각 연꽃잎무늬 대접(고려)

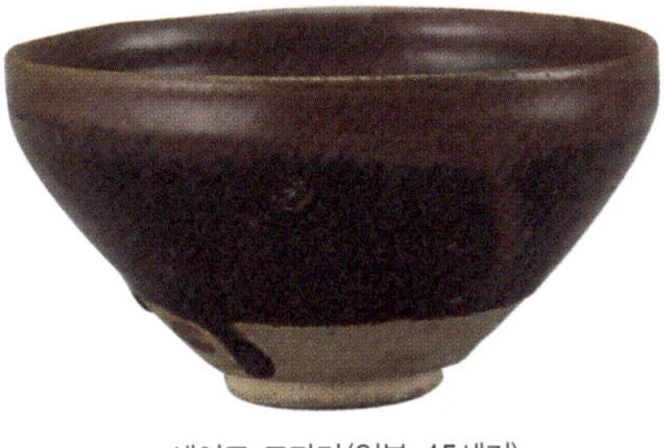

세이토 도자기(일본, 15세기)
자료제공 전충진

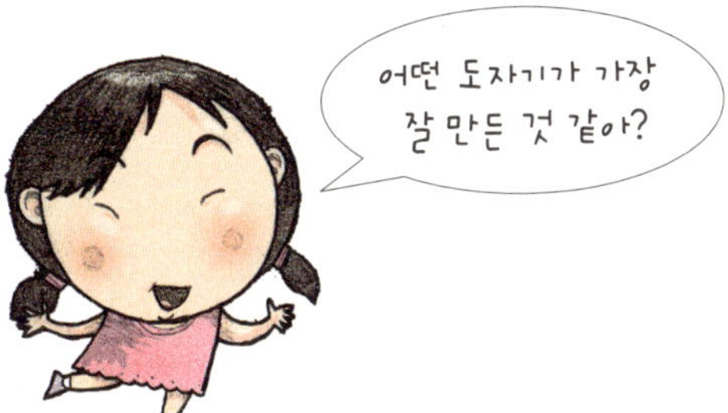

굴 가마, 그 비밀의 문을 열다

비스듬하게 경사가 진 우리나라의 가마는 완만하게 올라가는 언덕 같다고 해서 '오름가마'라고 부르지요. 가마 길이는 20미터 정도, 폭은 1.7~2.2미터 정도예요. 가마 바닥에는 모래를 깔고, 양 벽과 천장에는 흙을 발랐어요. 둥근 모양의 천장 꼭대기에는 두 개의 굴뚝이 있지요. 또, 가마의 벽 쪽에는 출입구, 도자기의 색을 살필 수 있는 구멍, 불길이 닿지 않는 곳에 불을 때는 불구멍이 있어요.

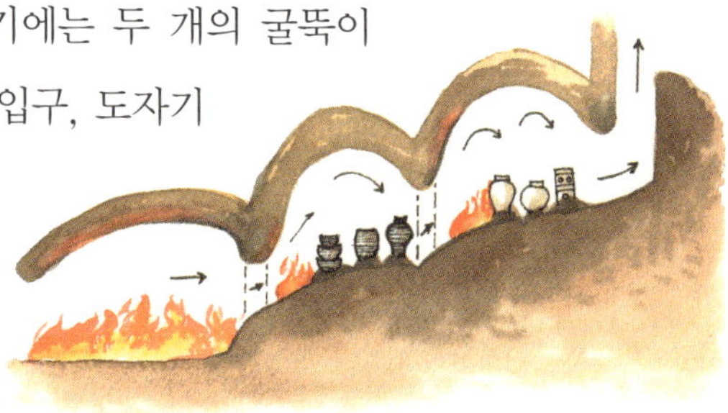

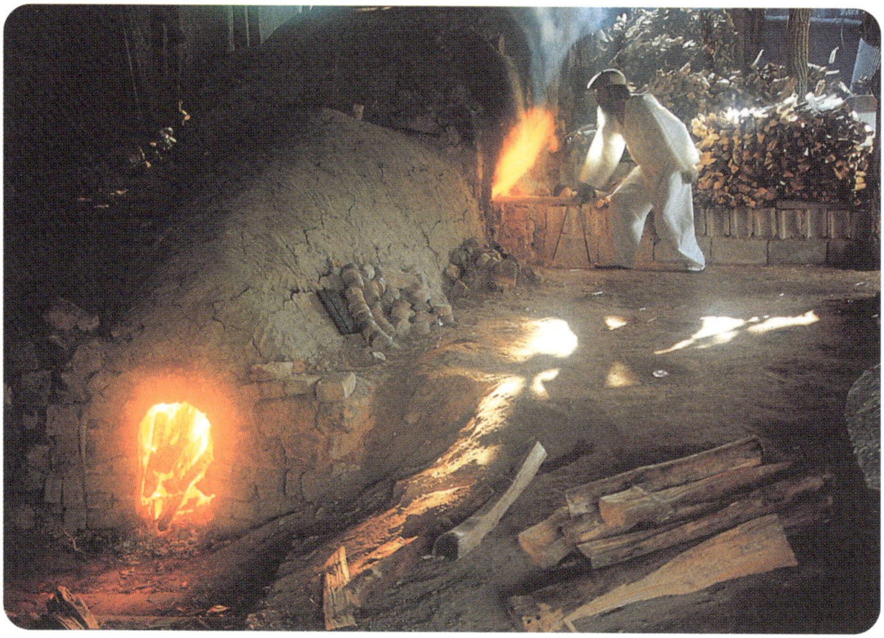

ⓒ「도자기와의 만남」(전충진, 리수출판사, 2001)

도자기를 만드는 흙은 어떻게 준비하나요?

도자기의 밑감으로 쓰는 흙은 오랫동안 흙만을 연구한 분이 고르지요. 그 분들은 어떤 흙이 어떤 도자기를 만드는 데 적당한지를 알아요. 어느 고장의 흙이 좋은지 알아보고 그 흙을 파내 와요. 그 다음 흙을 물에 풀어 휘저어서 잡물을 없앤 다음 곱게 걸러 쓰지요.

물레에 따라 하는 일이 달라요

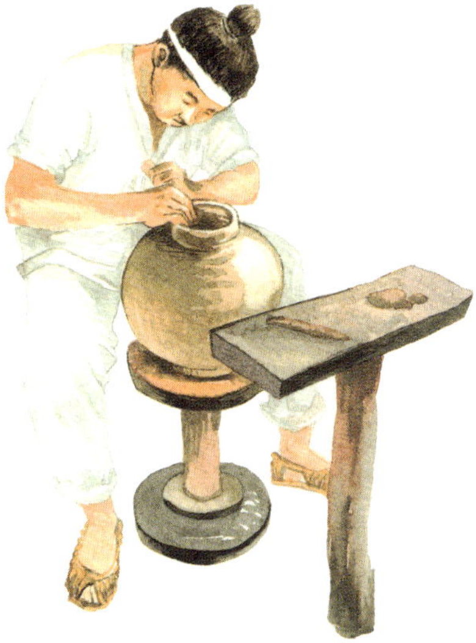

물레에는 발물레와 손물레가 있어요. 발물레는 그릇의 모양을 빚을 때 쓰고 손물레는 그릇에 무늬를 새길 때 써요.

먼저 공기를 뺀 흙을 발물레 가운데 얹어 놓고 발로 물레를 차 돌리면서 흙덩이를 양손으로 끌어올려 중심을 잡아요. 그 다음 홈을 만들어 그릇 안팎의 모양을 잡아요. 흙덩이 한 개로 여러 개의 그릇을 만들 수 있어요. 만들어진 그릇을 떼어 낼 때는 낚싯줄이나 철사의 양 끝에 나무 막대를 매달아 만든 쨀줄을 이용해요.

그 다음 손물레를 이용해 무늬를 새겨요. 손물레는 발물레보다 크기가 작으며 책상 위에 올려놓고 쓴답니다.

알쏭달쏭 십자말풀이

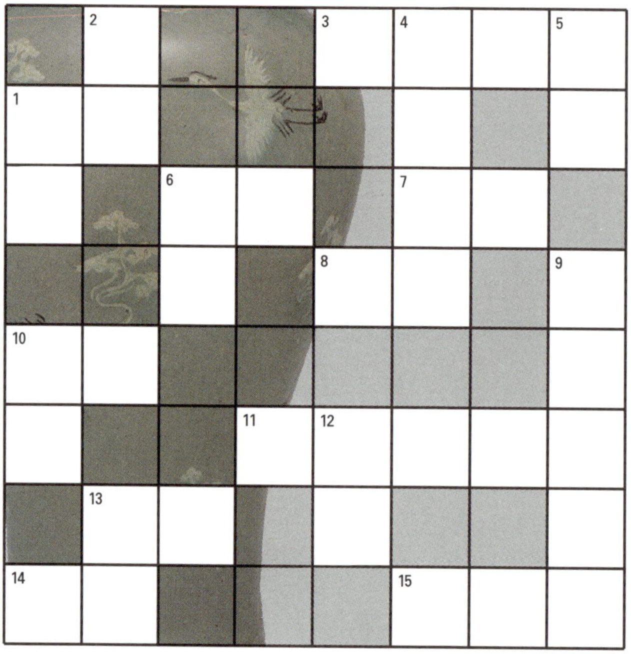

가로 열쇠

1. 1000℃ 이하의 낮은 온도로 구운 그릇
3. 청자가 사라지면서 나타난 도자기. '분장회청사기' 의 준말
6. 먹을 갈 때 벼루에 부을 물을 담는 그릇
7. 조선 시대에 가장 많이 만든 도자기. 고령토로 만들었어요.
8. 고려 시대의 도자기. 상감 기법을 주로 썼지요.
10. 굽다리 그릇이 가장 많이 나온 나라는?
11. 귀가 네 개 달린 항아리
13. 어깨가 두툼하고 허리가 날씬한 병의 이름은?
14. 도장으로 찍어 무늬를 만드는 기법. 분청사기에 많이 썼지요.
15. 사람이 죽으면 뼈를 담았던 그릇. 불교의 영향을 받았지요.

세로 열쇠

1. 사람이나 동물 모양을 본떠 흙으로 만든 인형
2. 1300℃ 이상의 높은 온도로 구운 그릇
4. 백자에 코발트 안료로 그림을 그린 도자기
5. 고려 청자에 있는 상상의 동물. 말과 비슷하게 생겼어요.
6. 불교를 상징하는 꽃
9. 굽이 높은 단지
10. 도자기를 높은 온도에서 굽기 위해 만들어 낸 것. 흙더미를 쌓아 불길이 새지 않게 했어요.
12. 백토를 붓으로 칠한 분청사기의 무늬
13. 추운 겨울을 견디고 잎보다 꽃을 먼저 피우는 사랑의 꽃

정답 가로 열쇠 1. 토기 3. 분청사기 6. 연적 7. 백자 8. 청자 10. 가야 11. 네 귀 항아리 13. 매병 14. 인화 15. 뼈단지
세로 열쇠 1. 토우 2. 자기 4. 청화 백자 5. 기린 6. 연꽃 9. 굽다리 단지 10. 가마 12. 귀얄 13. 매화